INVENTAIRES

DU

TRÉSOR DE NOTRE-DAME DE PARIS

DE 1343 ET DE 1416

Publiés et annotés

PAR

M. GUSTAVE FAGNIEZ

Extrait de la REVUE ARCHÉOLOGIQUE

PARIS

AUX BUREAUX DE LA *REVUE ARCHÉOLOGIQUE*

LIBRAIRIE ACADÉMIQUE — DIDIER ET C°

QUAI DES AUGUSTINS, 35

1874

INVENTAIRES

DU

TRÉSOR DE NOTRE-DAME DE PARIS

DE 1343 ET DE 1416

Extrait de la *REVUE ARCHÉOLOGIQUE*

Les Archives nationales possèdent une série d'inventaires du trésor de Notre-Dame, qui vont du xiv* au xviii* siècle. Elle s'ouvre par ceux que nous publions ici. Le plus ancien est du 4 mai 1343. Il est écrit sur un cahier de parchemin, aujourd'hui relié dans le registre LL 195. Il porte en tête le résultat du récolement à la suite duquel il fut dressé; on connaît ainsi les changements survenus dans le trésor depuis le précédent inventaire, dont la perte est dès lors moins regrettable.

Le second de nos inventaires fut commencé le 23 juillet 1416. Le procès-verbal ne fut guère terminé avant le 20 novembre, date à laquelle le notaire le présenta au chapitre et reçut l'ordre d'en faire trois expéditions sur parchemin, l'une pour les archives, l'autre pour le garde du trésor, la troisième pour les proviseurs de la fabrique (1). Ces expéditions ne nous sont pas parvenues et nous ne possédons que la minute, qui est écrite sur papier et fait partie du registre LL 196. L'inventaire de 1416 contient un grand nombre d'articles qui ne se trouvent pas dans celui de 1343. Ces articles,

_____

(1) Notarius capituli exhibuit inventarium thesauri per eum de mandato capituli in papirum renovatum et est ordinatum quod ipse notarius ipsum inventarium triplicet in pergameno, unum erit penes custodem thesauri, aliud penes provisores fabrice et tercium penes capitulum et hoc sumptibus fabrice.

Reg. capit., 20 novembre 1416.   LL 215, p. 132.

qui donnent une description minutieuse des objets et en indiquent souvent la provenance, sont rangés dans l'ordre suivant : 1° joyaux ; 2° croix ; 3° calices ; 4° bâtons et verges ; 5° livres ; 6° nappes ; 7° poëles ; 8° étoffes ; 9° vêtements sacerdotaux. A la suite, le notaire du chapitre a rédigé procès-verbal de la vente ou de l'engagement d'objets appartenant au trésor. Grâce à ces procès-verbaux ainsi qu'aux délibérations capitulaires, nous pouvons faire connaître les embarras financiers du chapitre, leurs causes, et aussi un certain nombre d'objets précieux qui ne figurent pas sur les inventaires.

Telle est la statue d'argent du duc de Normandie, plus tard Jean II, consacrée par son père Philippe VI à Notre-Dame. Le chapitre ne put s'en défaire qu'avec l'autorisation du Roi et à la condition de la remplacer par une autre, semblable en tout, sauf par la matière (1). Pour contribuer à la rançon du roi Jean, les chanoines firent fondre plusieurs pièces du trésor et en mirent d'autres entre les mains des vicaires et des *machicots* de la cathédrale comme nantissement d'un prêt de quatre marcs d'or (2). Obligés, en 1418, de payer un subside

(1) Philippe ..... a noz amez et feauz le doyen et chapitre de l'église de Paris... Il nous plait et voulons que l'ymaige d'argent jadis offerte pour nostre filz le duc de Normandie en sa forme et semblance a l'autel de N. D. en la d. eglise soit convertie profitablement en l'œvre de la d. eglise senz en rien tourner autre part que en ycelle oevre et en la paie des debtes faiz et acreuz pour cause d'ycelle en enchargent sur ce voz consciences pourveu que une ymaige d'autre matiere, d'autele forme, semblance et quantite comme est la devant dite soit incontinant mise en son lieu apres ce que hostee en sera et touz jours y demeurt. Donné au Moncel lez le Pont Ste Maxence le xii jour de novembre l'an de grace mil trois cenz quarante et quatre.

Par le Roy, a la relacion du confesseur. L 514 ².

(2) Voici la liste des objets envoyés à la Monnaie : quinque bacini argentei ordinati ad sustinendum quinque cereos ante imaginem B. M. ponderis circiter xxxiii march. et vi onc. Duo alii bacini argentei ponderis circiter octo march. Una imago B. M. argentea ad portas claudentes et aper.entes ponderis circiter vii marcharum. Una navicula pro thure ponderis circiter duarum march. Una mitra alba ad grossas perlas et unus annulus aureus ad unum rubeum. Unus calix aureus pond. circiter iiii march. vii sterl. obolo minus. Unus alius calix aureus pond. circiter duarum march. vii onc. cum trib. sterl. Unum thuribulum aureum pond. circiter trium march. Due burete auree pond. unius march. minus quatuor sterlingis. Duodecim penni aurei novi. Unus modicissimus cofrulus nobiliter operatus in quo sunt plures grosse perle et alii lapides preciosi, et iste cofrulus una cum pluribus minutissimis perlis fuit in thesauro restitutus. — Ista que secuntur fuerunt eciam a d. thesauro ..sublata et vicariis ac macicotis Paris. ecclesie in vadimonium iiii° marcharum auri purissimi ... quas eis legavit Monsablon.... due modice cruces auree ad pellas et lapides preciosos et ille magnus calix argenteus deauratus cum suis fistulis ponderis, ut dicitur, xvii marcharum, qui calix habet duas ensas et est ad communionem Pasche ordinatum.

Reg. capit., 15 juillet 1360. LL 209 ⁴, p. 267.

de 200 liv. t. à la ville de Paris, ils mettent en gage, pour emprunter cette somme, plusieurs ouvrages d'orfévrerie; puis, ne pouvant la rembourser et pressés par de nouveaux besoins, ils les envoient à la Monnaie avec des fermaux et des boutons de chapes, et en tirent 990 fr., sur lesquels ils éteignent leur dette (1). En 1421 (n. s.), ils envoient à la Monnaie les objets suivants :

1° L'ymage du daulphin estant a génoux, un scabel et son livre devant lui, assiz sur un siege ou pié carré tout d'argent doré armoyé des armes dud. daulphin, jadiz donné par le roy Charles (2) avec ung ymage de N. D. quant le Roy present (3) estoit daulphin;

2° Une petite croix d'argent dorée, garnie de pierres de voirre, à IIII ymages aux IIII cornes, et le pié en triangle d'ancienne façon à serpens ouvréz à jour et en chascune face d'un triangle I S. Michel;

3° Ung vielz calice d'argent doré et la patène d'ancienne façon, aux armes du pape, à un lyon barré, les clefs dessus;

4° Une boyte d'argent néellée, entaillée de ymages de la Porte dorée et de l'Anunciacion N. D.;

5° Ung vieil fermail de chape à façon d'une M à l'ymage S. Martin et les armes de Boulongne;

6° Ung aultre vieil fermail desmaillé à un crucefix et N. D.;

7° Ung aultre fermail où est l'Anunciacion;

8° Plusieurs pieces de menu fretin pesans XIIII onces ou environ (4).

---

(1) Anno Dom. M° CCCC° XVIII° die XXVII mensis Julii per dominos meos magistros Jacobum Trousseau, archidiaconum Paris., Guill. Cardonnelli, archidiaconum de Josayo, Radulfum Liejart, succentorem et Petrum de Ordeomonte, canonicos eccl. Paris. pro faciendo financiam de II^c liv. t. ville Paris. pro suis neccessitatibus tradendis, fuerunt in thesauro eccl. Paris. capta et postmodum impignorata jocalia que secuntur vulgariter designata : une croix d'argent doree garnie d'un crucefix et II angelos sur le travers d'icelle croix et a au dessoubz II pieces par maniere d'alonges pour mettre en un baston; I calice d'argent dore d'ancienne facon le pomme armoyé de France et de Navarre; le pot S. Thommas ou quel on amenistroit a Pasques duquel les II tuyaux sont demourez au trésor. LL 196, f. XX. Pro necessitatibus eccl. fuerunt capta in thesauro .. plura firmalia et botoni argentei caparum que de nullo deserviebant et die martis sequente ipsi cum quibusd. jocalibus diu est pro tradendo pecunias ville Par. impignoratis pro summa II^c L fr., fuerunt omnia ad monetam delata .... atque Reginaldo de Thumeri, magistro monete vendita marcha precio decem fr. et ponderabant omnia nonaginta novem marchas pro quibus recepti sunt ... nongenti nonaginta fr. de quibus restituti sunt pred. II^c. L fr. .....

Reg. capit., 6 février 1419 (n. s.).   LL 215, p. 224. — Cf. LL 196, f. XXI.

(2) Charles V. — (3) Charles VI.

(4) LL 196, f. XXI v°, XXII.

En 1422 le chapitre fait vendre au poids par son notaire plusieurs fermaux et agrafes, dont le prix fut employé à payer les travaux du cloître de Saint-Denis-du-Pas. Ce fut un orfévre, Gillet Prosart, qui les acheta. Les procès-verbaux de vente permettent de se représenter exactement l'ornementation de ces menus objets d'orfévrerie : « ..... les deux fermaulx de chape d'argent dorez esmaillez .... l'un des fermaulx a vi rouelles, les iiii entaillées de petits oyseaux et les deux à barres blanches et perses travercées en ii escus, et l'autre esmail a les ymages de N. D. tenant son enfant et les iii roys de Coulongne et iiii demi rons où sont les iii Euvangelistes .... un fermail de chape esmaillé ou quel estoit le trespassement N. D., N. S. et ses apostres et au tour en iiii demi ronds les iiii Euvangelistes. Un aultre fermail esmaillé ou quel estoit le crucefix, N. D. et S. Jehan et les iiii Euvangelistes en iiii demi ronds; i aultre fermail esmaillé ou quel sont N. D., son enfant et ii angels et iiii testes en iiii demi ronds. v pommettes à tenir chaperons de chapes assises en verges de balene. iiii coupletes d'argent, ii blanches et ii dorées pour atacher à tenir fermaulx ..... (1). » Les fermaux étaient quelquefois enrichis de pierres précieuses. Tel était celui que le chapitre vendit en 1423, parce qu'on n'en portait plus ainsi dans l'église de Paris (2). Le 9 novembre 1429, il rentra en possession d'un joyau qui lui avait été donné par le roi d'Angleterre, Henri V, et sur lequel il avait emprunté 350 fr. à Clément de Fauquembergue, greffier du Parlement (3). En 1436, il vendit au même orfévre, Gillet Prosart, pour la somme de 300 fr., un joyau qu'il tenait du duc de Bedford (4). En 1437, le Roi, ayant besoin de 12,000 fr. pour

---

(1) LL 196, f. xxii et v°.

(2) Conclusum est quod vendatur firmeolium aureum minutum perlis et gemmis ad usum cappe deputatum quia talibus nunc non utitur in eccles. Par. et, quia precium inde habitum non sufficiet ad contentandum D. J. la Meresse.. et continuandum reparacionem molendinorum dom. mei et magistri Fraillon, Parvi, Dole et Viviani deputati sunt ad visitandum et videndum que jocalia prius exponentur venditioni et que minus possunt ecclesiam decorare.

Reg. capit., 3 septembre 1423.   LL 215, p. 414.

(3) Mr Clemens de Falkabergia, canonicus Par., grefferius Parlamenti, restituit capitulo jocale datum olim ecclesie per defunctum regem Anglie, Henricum nomine, in pignore sibi traditum pro d. iiic L fr. quos capitulo mutuaverat .....

Reg. capit., 9 nov. 1429.   LL 216, p. 179.

(4) .... parvum jocale aureum oblongum subtus quadrum desuper rotondum, in quo sunt in superiori parte intra pavillionem unus Deus pater, tenens crucifixum cum columba, et in inferiori parte sunt ymagines SS. Dionysii et Georgii, regis

prendre Montereau, fît un emprunt forcé au clergé parisien. Le chapitre, auquel on demandait 200 marcs d'argent, livra à Renaud de Thumery, changeur, commissaire royal, deux grands disques et quatre grands candélabres d'argent, d'un poids total de 37 marcs une once (1). Nous n'avons pas énuméré toutes les pertes subies par le trésor du fait du chapitre; les objets qui, portés sur les inventaires, furent ensuite distraits du trésor, seront signalés en note.

Pour citer tous les documents qui nous ont permis de reconstituer le trésor de Notre-Dame au xve siècle, nous devons dire quelques mots d'un inventaire rédigé en 1438, dont les Archives possèdent un ms. sur papier et un autre sur parchemin. A part les lacunes provenant des aliénations qui eurent lieu entre 1416 et 1438, cet inventaire ne présente que peu de différences avec celui de 1416. Nous y avons cependant relevé des annotations à l'aide desquelles on peut suivre l'histoire du trésor au delà de 1438. Sous ce rapport, la rédaction sur parchemin (LL 197) est plus intéressante que la rédaction sur papier (LL 198). En effet, on a consigné sur la première le résultat d'un récolement fait en 1485, ainsi que la mention des pertes et des accroissements du trésor jusque dans le cours du xvie siècle. Nous avons extrait toutes les additions qui ne sont pas postérieures au xve siècle, et on les trouvera dans nos notes. Les mots *reperitur, reperiuntur*, écrits à côté de presque tous les articles, à la suite du récolement, constatent que de 1438 à 1485 le trésor eut peu à souffrir. Cette période, en effet, ne fut pas marquée par des malheurs publics comparables à ceux de la période comprise entre 1416 et 1438, et le chapitre ne fut plus réduit à battre monnaie avec son trésor pour acquitter les charges qu'on lui imposait.

Il ne faut pas s'attendre à trouver dans nos inventaires l'énumération complète des objets du culte appartenant à Notre-Dame. Le trésor ne comprenait pas le mobilier religieux de l'église tout entier. Certaines reliques étaient conservées à part. Ainsi le chef de S. Denis, auquel on avait réuni d'autres reliques, avait un gardien spécial (2). Le bras de S. André était également confié à certaines per-

quoque et regine Anglie hismaldate peroptime, per def. ducem Bedfordie germanum regis Anglie def. anno cccc xxii^o ecclesie datum....

Reg. capit., 20 avril 1436.　　　　　　　　LL 217, p. 207.

(1) Reg. capit., 24 septembre 1437.　　　　LL 217, p. 333.

(2) Messire Jehan Costerel, prestre chapelain de l'eglise de Paris, garde du chief S. Denys, a en garde : 1° led. chief S. Denys doré en partie; 2° un reliquiaire d'argent blanc que on dit estre le bras S. Syméon et a 1 des doys de la main rompu tout hors dedens 1 petit coffret de boys; 3° une petite croix d'argent doree a grant pié en

sonnes qui, en 1434, devinrent dépositaires du chef de S. Denis (1). Il en était certainement de même des châsses de Notre-Dame et de Saint-Marcel, et c'est pour cela qu'elles ne figurent pas sur les inventaires.

Un certain nombre d'objets du culte, parmi lesquels on comptait surtout des vêtements sacerdotaux, était déposé au revestiaire, c'est-à-dire à la sacristie, sous la responsabilité collective des marguilliers clercs, et sous la garde de l'un d'eux (2). Le chevecier était chargé de la conservation de tous les objets sacrés du sanctuaire, et l'évêque en était responsable. C'est ce qui résulte d'une sentence arbitrale du 3 janvier 1269 (n. s.), condamnant l'évêque de Paris à remplacer deux lampadaires d'argent suspendus entre le maître-autel et le chœur, lesquels avaient disparu (3).

Au XIIIᵉ siècle, le bâtiment du trésor était situé du côté de l'évêché, c'est-à-dire sur le flanc méridional de l'église. Cela ressort d'une charte du 1ᵉʳ avril 1241 (n. s.) par laquelle l'évêque cède à la fabrique, pour donner plus de place au trésor, l'étage qu'il avait élevé sur ce bâtiment, en stipulant seulement le remboursement des frais de construction (4). C'est encore au midi que le place un plan de l'église du XVIIIᵉ siècle (5).

la quelle a de la vraie croix la quelle on met cotidianement sur le grant autel quant on dit la grant messe; 4° un grant camayeu de couleur cendrée à façon de godet tenant environ III chopines, garni d'argent doré par le pié et par la bouche, et a ou pié VI esmaux de bestes et est moult bien ouvré de soy à bestes cornues et fueillages au tour. Fut donné a l'eglise par la Royne Elizabet, femme feu le Roy Charles VIᶜ, avec deux plas de voyrre esmaillez à oyseaux et compas de l'ouvrage de Venize et baillé en chapitre par Mᵉ Jehan Chuffart, chanoine de Paris et chancellier d'icelle dame, le vendredi IXᵉ jour de novembre IIIIᶜ XXV. (Ce dernier art. est postérieur aux trois premiers.)   LL 196, f. XIX, vᵒ.

(1) Ordinatum est quod amoveatur custos capitis S. Dionisii et apponatur solum diebus sabbati, Dominice et Lune, et in aliquibus festis soleunibus per custodes brachii S. Andree qui habebunt ejus custodiam.

Reg. capit. 18 juin 1434.   LL 217, p. 100.

(2) Inventoire des aournemens estans ou revestiaire de l'eglise de P. et en la garde des marguiliers clers de lad. eglise. récolé l'an mil CCCC XXXI le XVIᵉ jour de juillet apres le trespas de messire Jehan Petillon, prestre, à son vivant l'un d'iceulx marguiliers et garde dud. revestiaire pour lui et ses compaignons.......

LL 196, f. XXV.

(3) Cartul. eccl. Paris. 1,466.

(4) Guillelmus .. Par. eccl. minister indignus... Attendentes pallia serica et alia ornamenta Par. eccl. adauracione et eventacione plurimum indigere, necnon et alia commoda ad eorumd. custodiam et ornatum ipsius eccl. pertinencia, totum edificium, quod super domum thesauri pristinam edificasse dinoscimur, eidem domui duximus

(5) *Voir à la page suivante.*

Le trésor dépendait du chapitre; la liberté avec laquelle il en disposait le montre assez. C'est lui qui nommait le gardien, qui faisait faire les visites, les récolements et les inventaires. Tous les ans il chargeait des chanoines de le visiter, et, si leur rapport était favorable, délivrait au trésorier une quittance et lui allouait une gratification (1). Mais il ne se contentait pas de se faire rendre compte de l'état du trésor par des délégués, il le visitait lui-même. Pendant longtemps cette visite eut lieu le mercredi de la Quasimodo. Les chanoines, qui y prenaient part, recevaient une distribution sur le produit des offrandes des fidèles venus pour adorer les reliques pendant la semaine de Pâques (2). En 1452, elle fut fixée au mercredi après Pâques (3).

adjungendum, volentes ... ut ad custodiam thesauri Par. eccl. de cetero pertineat pleno jure, salvis nobis expensis quas in eod. ʼedificio fecimus, de quibus confitemur nobis esse plenarie satisfactum, ita tamen quod *hostium ejusd. edificii quod est a parte domorum episcopalium* ita ... obstruatur ut nec domibus episcopalibus nec thesauro possit ullum inde periculum imminere... *Ibid.*, II, 526.

(5) Bibl. nat., Cab. des estampes, Topographie de Paris.

(1) ...... deputati sunt pro negociis thesauri .. dᵃⁱ cancellarius et Lud. Ysardi quibus tradentur claves thesauri .. et cum eis ad visitandum ipsum thesaurum sunt deputati Mⁱ P. de Roniaco, G. de Lumbris et Guido Floris.

Reg. capit., 23 novembre 1363.　　LL 209ᵇ, p. 436.

Mⁱ Symon Freron, succentor et Joh. Hue, commissi.. ad visitacionem jocalium et ornamentorum thesauri retulerunt quod omnia ibidem ornate et decenter posita et custodita per .. Guill. de Quercu et ideo fuit ordinatum quod dentur d. dom. Guill. ... et quod fiat ei quictancia sua prout consuevit eam habere singulis annis. *Ibid.*, 5 mai 1393.　　LL 211⁴, p. 105.

Dᵃⁱ de Lorriaco et de Mongeria retulerunt quod visitaverant thesaurum, ornamenta et jocalia eccl. que sunt in custodia d. G. de Quercu et reperierant bonum et legalem compotum secundum inventarium datum ipsi G. et concessa fuit sibi quictancia de tempore preterito et dati sunt d. G. de Quercu gratiose quinque fr. quia diligenter fecit debitum suum.

Ibid., 18 novembre 1415.　　LL 215, p. 82.

(2) Ordinatum est quod die Ven. proxima dom. canonici comparebunt in thesauro eccl. Par. hora vesperorum pro visitando thesaurum, ut debet fieri per statuta, et illi qui comparebunt habebunt .. quilibet ipsorum 11 s. p. et de cetero fiet hujusmodi visitacio die mercurii post Quasimodo, prout solebat fieri antiquitus, et solvetur hujusmodi distribucio de peccuniis fabrice provenientibus de visitacione hujusmodi thesauri que fit illis diebus precedentibus.

Reg. capit., 5 mai 1451.　　LL 220, p. 38.

(3) Ordinatum est quod de cetero fiet visitacio thesauri die mercurii post Pascha et quod fiat solucio per camerarium clericum, licet anno preterito fuerit ordinatum de contrario, scilicet quod fieret die mercurii post Quasimodo et quod solveretur per fabricam et hodie dᵃⁱ comparebunt in thesauro post prandium et habebit quilibet solum xii d. per manum clerici d. fabrice. Ven. post Pascha 1452.

Ibid., p. 187.

Les proviseurs de la fabrique étaient spécialement chargés de veiller à la conservation du trésor. Aussitôt après leur installation, ils en faisaient un récolement (1). Presque toujours ils prenaient part, avec les commissaires du chapitre, à la confection et à l'audition des inventaires (2), dont ils recevaient, on l'a vu, un exemplaire original. Le 5 septembre 1429, le chapitre les charge d'aviser aux meilleurs moyens de soustraire à l'ennemi les reliques et les joyaux de la cathédrale (3).

L'inquiétude du chapitre ne paraît pas avoir été justifiée par aucune tentative, aucune menace de spoliation. On croyait le trésor si peu menacé par l'occupation anglaise que, l'année même où les proviseurs de la fabrique recevaient cette mission, le 16 novembre, le Premier Président du Parlement y déposait des titres relatifs à des fondations faites par lui au prieuré de Saint-Martin-des-Champs (4). Ce n'est pas le seul exemple de dépôts reçus par le trésor. La vénération qu'il inspirait était une garantie pour les déposants. Bien entendu, à une époque où l'idée des banques n'était pas née en France, on ne cherchait dans ces dépôts qu'une sécurité de plus et non un revenu. Le 16 janvier 1348 (n. s.) le chapitre, sur la requête du prévôt des marchands, consentit à recevoir en dépôt la recette des impositions levées à Paris (5). En 1364, c'est le Parlement qui confie au trésor, pour un temps indéterminé, un dépôt dont la na-

(1) Reg. capit., 26 juin 1424. LL 215, p. 450.

(2) Reg. capit., 14 avril 1393-94. LL 211^A, p. 88. 15 avril 1398. LL 211b, p. 338. 14 avril 1399-1400. LL 211b, p. 456.

(3) Reg. cap. LL 216, p. 173.

(4) Dominus primus presidens in Parlamento asseruit hic habere plures cartas, litteras et titulos concernentes aliquas fundaciones per ipsum apud S. Martinum de Campis factas et quia vellet ipsos secure custodire, supplicavit dom. capitulantibus quatenus ipsi vellent ipsos in eorum thesauro custodire in quodam parvo coffro per ipsum ibidem apponendo in quo erunt due claves, quarum ipse dominus presidens habebit unam et capitulum aliam et de clave capituli habebit ipse dom. similem clavem, si voluerit, et sic eidem concessum est liberaliter et capitulum servabit ea ut sua que sunt in eod. thesauro fientque tria inventoria, quorum unum habebit ipse dom. presidens, aliud capitulum et tercium ponetur intra coffrum pred. et nichilominus regestrabuntur in libro thesauri seu registro capitulari.

Reg. capit., 16 novembre 1429.   LL 216, p. 180.

Rappelons qu'en 1422 le duc de Bedford avait donné un joyau d'or à la cathédrale.

(5) Johannes Pidoe, prepositus mercatorum et Petrus Bourdon ac Jacobus du Buisson, cives Paris., supplicarunt capitulo quod daret eis locum ad custodiendum pecuniam imposicionum et fuit eis concessus et voluerunt ... d. prepositus et cives quod istud non sit in periculo capituli sed in periculo ipsorum....

Reg. capit., mercredi avant la chaire S. Pierre 1347.   LL 208, p. 272.

ture n'est pas spécifiée (1). La même année, l'abbé de Saint-Benoît-sur-Loire y dépose ses joyaux (2). Le 17 novembre 1368, le chapitre accepte en dépôt du recteur de l'Université, des exécuteurs testamentaires de l'évêque de Cambrai et des commissaires du Roi une boîte, dont le contenu n'est pas indiqué, mais il déclare ne vouloir encourir aucune responsabilité pour cette boîte qui paraît avoir été le sujet d'un litige (3). Au mois de mai 1393, le Parlement confie encore au chapitre une somme de 6000 fr. (4). Enfin celui-ci devient, en octobre 1399, dépositaire d'un capital et de vases d'argent appartenant à Maurice de Tresiguidy, chevalier (5). Les déposants recevaient une reconnaissance, un inventaire, et les risques étaient à leur charge. La garde du trésor ne pouvait rien y admettre sans l'aveu du chapitre (6).

(1) ... Congregatis in revestiario et capitulantibus dominis ... per ... Nicolaum de Villamari, greffarium Parlamenti ... per dominos ejusd. ad hoc destinatum. ... requisitis quatenus certum depositum in thesauro eccl. Par. vellent custodire donec fuisset per idem parlamentum aliter super hoc ordinatum, prefatus .. cantor eid. greffario suo et capituli nomine respondit .. quod ipsi volentes eisd. dominis de Parlamento complacere, certum locum in eod. thesauro, cujus loci clavem haberet idem graffarius eid. assignarent si vellet, in quo depositum hujusmodi, non capituli sed ipsius greffarii periculo poneret ... quibus sic concordatis, d. domini locum et clavem pred. eid. grefario tradi ... preceperunt...

Ibid., 16 septembre 1364.   LL 209^b, p. 541.

(2) Ibid., p. 595.

(3) Ordinatum est quod respondeatur rectori Universitatis Par. et executoribus def. dom. episcopi Cameracensis et commissariis Regis ..... quod sibi concedatur ... locus in thesauro periculis d. Universitatis et executorum, attamen d. capitulum nullam habebit gardiam hujusm. arche vel contentorum in eadem; insuper, si contingat quod, pro parte camere apostolice vel alias, moneantur domini decanus et capitulum aut alias molestentur super reddicione d. arche aut contentorum in eadem aut revelacione, non est intencio .. decani et capituli seu singularis personarum d. ecclesie sustinere moniciones aut molestaciones ... quin possint et debeant d. arcam revelare aut thesaurum apperire et alias circa indampnitatem personarum et eccl. Par. .. procedere prout .. decano et capitulo videbitur expedire.sine aliqua opposicione.

Reg. capit., LL 210, p. 226.

(4) Ibid., LL 211^A, p. 106.

(5) Placet dominis quod dom. Mauricius de Treziguydi, miles ponat in thesauro ... pecunias et alia vasa argentea ac bona que voluerit pro hoc vice et fiat ei littera recognitionis rerum quas in eo ponet.   Ibid., LL 212^A, p. 20.

(6) Ibid., 20 décembre 1417. LL 215, p. 179.

INVENTAIRE DE 1343

Anno Domini millesimo ccc^mo xliii° die quarta mensis maii, presentibus venerabilibus et discretis viris dominis et magistris Manuele de Placentia, canonico Parisiensi, Stephano de Montefirmolio, canonico S. Johannis Rotondi ac Yvone, notario capituli, commissariis ad hoc deputatis a dominis decano et capitulo Parisiensibus, dominus Garnerus de Civilliaco, alias dictus *Malecote*, custos thesauri ecclesie Parisiensis, reddidit compotum de omnibus rebus contentis in inventorio predicto, subiciendo eas visui et inventa fuerunt omnia predicta in dicto inventario contenta immediate subscripto, exceptis aliquibus amotis et aliquibus aliis additis, prout infra continetur, videlicet auctus est numerus pannorum sericorum integrorum qui erant xxxiii numero de uno ex dono reverendi patris domini Fulconis, episcopi Parisiensis (1) et sic sunt xxxiiii panni serici integri, de quibus amoti fuerunt v et venditi ad opus fabrice de voluntate capituli, videlicet duo domino F[ulconi] Parisiensi episcopo et alii iii executoribus domini Guillelmi de Meullento (2), militis ac fratris episcopi Meldensis.

Et sic remanent tantummodo xxix panni serici integri.

It., auctus est numerus capparum que erant viii^XX xvii numero de una pulcra broudata quam dedit reverendus pater dominus Hanibaldus, episcopus Tusculanensis cardinalis et sic sunt viii^XX xviii, de quibus amota fuit una capa antiqua, prava et attrita pro cappellania de Lescheriis (3), diocesis Senonensis, de mandato dominorum anno xlii° die Jovis in vigilia Cosme et Damiani et sic remanent viii^X[X] xvii cappe ut prius.

It., auctus est numerus carpitrarum alias marchipedum de tribus ad arma reverendi patris domini Hanibaldi cardinalis predicti ex dono ipsius domini cardinalis.

It., amota fuerunt iiii paria custodum, videlicet unum par magnarum custodum radiatarum radiis viridibus, albis, auro, que fuerunt quondam domini de Acon gallice d'*Acre*.

(1) Foulque de Chanac, nommé évêque de Paris en 1342, consacré le 16 février 1343 (n. s.). *Gall. Christ.*, VII, col. 132.

(2) Guillaume de Meulan, mari d'Isabelle de Trie, frère de Jean de Meulan, évêque de Meaux, puis de Paris. *Ibid.*, col. 135.

(3) Léchères, c^ne Joigny (Yonne).

It., III paria alia custodum, de quibus tercium par erat de samicio rubeo ad castra aurea, que omnes custodes, scilicet IIII paria fuerunt vendita per provisores fabrice ad opus ipsius fabrice.

It., amotus est unus ciphus magnus aureus ad ansas ornatus lapidibus cum patena ejusdem sequele, qui dicebatur fuisse Karoli Magni per provisores fabrice de voluntate capituli ad deaurandum secundam tabulam pro magno altari.

It., additus est unus magnus ciphus argenteus sine patena deauratus intus et extra ad ansas loco illius amoti ponderis xvi^{cim} marcharum duarum unciarum cum dimidia in toto.

It., additum est caput album argenteum sine reliquiis deper dominam reginam Francie oblatum, ponderis v marcharum vii unciarum cum dimidia.

Anno et die predictis fuit inventarium renovatum de rebus existentibus in thesauro ecclesie Parisiensis in custodia domini Garneri dicti *Malecote* alias de Civilliaco.

1. Primo inventa fuit ymago B. Marie de argento cum portis claudentibus et aperientibus argenteis deauratis et nigellatis, etc.

2. It., quedam alia ymago B. Marie deaurata, quam dedit dominus Eustachius de Confluencio, canonicus Parisiensis, cum pede de cupro, deaurato, et sunt in quodam vasculo parvo cristallino existente in manu dextra B. Virginis de capillis ejusdem B. Virginis (1).

3. It., quedam alia ymago B. Marie argentea deaurata, tenens benedictum filium suum in brachio suo et plicata super latus oppositum, cum pede similiter argenteo deaurato desuper, cui pedi affixa est dicta ymago ad vitem (2).

4. It., quedam alia ymago argentea, cum duobus angelotis dextra levaque in tabernaculo deaurato, in cujus ymagine (*sic*) mammilla repositum est de lacte B. Marie Virginis, et est pes ejusdem ymaginis de cupro deaurato, ex dono magistri Radulphi de Praeris.

5. It., quedam ymago cujusdam Virginis, scilicet B. Ursule, ut dicitur et creditur, cum humeris suis, et corona de argento deaurato et ornata lapidibus non preciosis et vitris.

6. It., quedam alia ymago B. Thome apostoli de argento deau-

<hr>

(1) Ces cheveux avaient été trouvés, avec d'autres reliques, dans l'église de Saint-Étienne, lorsqu'en 1218 on acheva de la démolir pour faire place à la façade et à la partie méridionale de Notre-Dame. Philippe-Auguste fit don de toutes ces reliques à la nouvelle église. *Obit. eccl. Paris.* ap. *Cartul. eccl. Paris.*, IV, 110, et Guilhermy, *Itinéraire archéol. de Paris*, p. 24.

(2) *Ad vitem.* Cette statuette était vissée sur le pied.

rato, tenens in manibus quoddam vasculum longum aureum, in quo est digitus ejusdem sancti, cum pede argenteo deaurato et emailliato, super quo sunt due ymagines flexis genibus, una cujusdam domine et altera unius diaconi quam donavit dominus Petrus de Chambliaco, canonicus Parisiensis et archidiaconus Morinensis.

7. It., quedam alia ymago eburnea B. Marie in quodam tabernaculo eburneo de execucione defuncti domini Federici de Placentia, vicarii S. Germani Autissiodorensis in ecclesia Parisiensi.

8. It., quedam alia ymago eburnea valde antiqua scisa per medium et cum ymaginibus sculptis in appertura, que solebat poni super magnum altare (1).

9. It., quedam alia ymago de alabaustro cum filio suo aliquantulum rupto in collo.

10. It., quedam alia ymago de argento de novo quam dedit domina Regina Francie oblata ponderis v marcharum vii unciarum cum dimidia.

11. It., quedam crux magna argentea, ornata lapidibus preciosis, pro magnis festis.

12. It., alia crux de cristallo magna munita et circundata argento deaurato et lapidibus preciosis. Quelibet earum habet pomellum proprium de cupro deaurato.

13. It., quedam alia crux argentea in qua erat magna pars crucis Dominice, que erat reposita in quodam scrinio eburneo et ostendebatur populo in die Parasceve (2), amota est de loco illo et addita est, ut melius et honorabilius esset hospitata, alteri cruci argentee cum crucifixo argenteo deaurato, iiii evangelistis argenti esmailliatis et cum ymaginibus B. Marie et S. Johannis, quam donavit ecclesie defunctus dominus Jacobus de Normannis de Urbe, archidiaconus Narbonensis et domini Pape notarius.

14. It., quedam crux argentea deaurata bona et ponderans esmailliata cum angelotis.

---

(1) Le Louvre possède une image ouvrante analogue à celle-ci. C'est une statuette de la Vierge en ivoire qui, lorsqu'elle est ouverte, présente un fond et deux vantaux sculptés de bas-reliefs. Elle porte dans le catalogue des ivoires le n° 50, et elle est décrite et gravée dans le *Dictionnaire du mobilier* de M. Viollet-le-Duc, v° *Image.*

(2) Ce morceau de la vraie croix avait été envoyé vers 1108 à l'église de Paris par Ansel, chantre de l'église du Saint-Sépulcre de Jérusalem. Voy. le n° 60 de l'invent. de 1416, et Arch. nat., K 21, n°ˢ 6 et 7. L'obit du donateur se célébrait le jour de la fête instituée en l'honneur de la translation de la sainte Croix, c'est-à-dire le premier dimanche d'août. *Obit. eccl. Par.*, p. 126.

15. It., quedam crux nigra cum crucifixo eburneo pro defunctis, cum quodam pede de cupro deaurato.

16. It., quoddam vas cristallinum, alligatum uni baculo argenteo, quod tenent duo angeli argentei deaurati, stantes super pedem de argento deaurato esmailliato, in quo quidem vase repositum est lac B. Marie Virginis.

17. It., que[dam] corona argentea deaurata cum pede alto, quam [donavit] B. Ludovicus, rex Francie, in qua sunt reposite reliquie que secuntur, videlicet de vestimento Domini, de spongia, de spina Dominice corone et de sepulcro Domini.

18. It., digitus B. Johannis Baptiste in quodam vase argenteo deaurato, cum duobus angelotis argenteis deauratis deferentibus illum (1).

19. It., brachium de argento albo ornatum lapidibus preciosis et est de S. Blasio, in quo deficiunt tres lapides preciosi (2).

20. It., costa B. Ludovici regis in vase argenteo deaurato in cristallo valde pulcro cum pede, quod dedit rex Philippus Pulcher, rex Francie et primus rex Navarre, in quo deficiunt duo lapides preciosi.

21. It., quoddam vas parvum argenteum, in quo est genu S. Symeonis (3).

22. It., quoddam jocale pro defferendo corpus Domini in festo S. Sacramenti argenti deaurati, quod quidem jocale est scilicet quedam crux quam tenent duo angeli, et est ibi in summitate crucis quidam locus de cristallo rotondus et est sedes seu pes de eodem esmalliatus, quod quidem jocale erogavit defunctus magister Girardus de Monte Acuto (4) et est ponderis XII marcharum argenti.

23. It., quedam pissis seu cista eburnea, in qua est una parva fiola vitrea et quedam parva pecia cristallina sine argento et quedam corporalia antiqua.

24. It., quoddam vas longum cristallinum, munitum argento albo aliquantulum deaurato in extremitatibus, in quo erant reposite que-

(1) Cette relique avait été léguée à Notre-Dame par le pape Adrien V. *Obit. eccl. Par.*, p. 125.

(2) Le bras de S. Blaise avait été donné, avec beaucoup d'autres reliques, par Pierre, cardinal-prêtre du titre de S. Marcel, à son retour de Constantinople, où il avait été envoyé comme légat. *Obit. eccl. Par.*, p. 16.

(3) Cette relique était un don du même cardinal. *Loc. cit.*

(4) Il ne faut pas confondre ce Gérard de Montaigu avec les gardes du trésor des chartes du même nom, le premier mort en 1391, le second en 1420.

dam reliquie ignote, que fuerunt posite infra altare magnum quando
fuit dedicatum in anno videlicet м° ccc^{mo} xxx^{mo} (1).

25. It., unus magnus ciphus argenteus sine patena deauratus intus et extra ad ansas ponderis xvi marcharum duarum unciarum
cum dimidia in toto.

26. It., duo tuelli argentei deaurati ad hauriendum vinum post
communionem in die Pasche ponderis iiii unciarum et decem stellingorum (2).

27. It., duo bacini de argento ponderis octo marcharum.

28. It., unus calix aureus, quem dedit episcopus Ranulphus,
cum quadam patena parva de auro pro festis solennibus ponderis
iiii marcharum vii stellingorum cum obolo minus.

29. It., unus calix similiter aureus cum patena aurea, ponderis
ii marcharum vii^{em} unciarum cum iii stellingis.

30. It., due burete auree, ponderis unius marche cum dimidia
uncia.

31. It., due burete argentee deaurate ponderis unius marche cum
dimidia.

32. It., duo thuribula aurea ponderis undecim marcharum xii^{cim}
stellingorum cum obolo insimul, sed unum preponderat altero de
xv stellingis.

33. It., unum aliud thuribulum aureum ponderis trium marcharum.

34. It., duo thuribula argentea ponderis xiiii marcharum et
unius uncie cum v stellingis.

35. It., duo thuribula argentea ponderis quinque marcharum et
quinque unciarum et sunt in custodia matriculariorum sacerdotum
ad usum cotidianum.

36. It., tria coquilla argentea (3), una ponderis iii marcharum et
xxvii stellingorum, alia ponderis ii marcharum, quinque stellingorum et altera ponderis ii marcharum et unius uncie que est in custodia capiceriorum.

37. It., quidam baculus pastoralis de argento cum baculo viridi
qui fuit episcopi Guillelmi de Alvernia prim[i?].

---

(1) Nous aurions voulu donner des détails sur l'érection et la dédicace du maître-
autel, mais notre source habituelle nous fait ici défaut, le premier registre capitu-
laire présentant une lacune de 1329 à 1345.

(2) Tuyaux pour boire le vin consacré. Cf. l'art. 68 de l'invent. de 1416 et le *Gloss.
des émaux*, v° *Tuyau.*

(3) Sans doute des coquilles pour prendre l'encens.

38. Id., quidam alius baculus pastoralis de ligno coopertus de argento qui fuit defuncti Roberti episcopi Constantiensis.

39. It., quidam baculus S. Victoris.

40. It., quidam virga nigra, de qua discoopertur crux in die Parasceve (1).

41. It., alius baculus seu virga de sicamoro, quam dedit Nicholaus de Campis, et de istis duobus discooperitur sepulcrum in matutinis Pasche (2).

42. It., quedam macua, cujus capud est de cupro et baculus coopertus de paupere argenteo.

43. It., baculus cantoris in iii peciis argenteis deauratus et bene operatus cum manubrio esmailliato et pomo de lapide *camahu* (3) et ymaginibus de filiis Israel, quem fecit esmailliari Hugo de Bisoncio, cantor Parisiensis, postea Parisiensis episcopus.

44. It., quoddam flabellum (4) brodatum ad perlas ad ymagines B. Stephani et lapidancium cum capitello ad perlas et baculo in tribus partibus, quarum due de ebano et media de ebore albo ad viellos (5) albos argenteos, ex dono bone memorie domini H. de Bisoncio, episcopi Parisiensis.

45. It., duo corone argentee deaurate cum vitris consimilibus lapidibus preciosis, una pro capite B. Marie et alia pro capite benedicti filii quas donavit quedam (*sic*) burgensis, et sunt in inventario capiceriorum.

46. It., due alie corone argentee deaurate cum dupletis vitreis (6)

---

(1) Baguette avec laquelle le célébrant ôte le voile qui couvre la croix le Vendredi-Saint, en même temps qu'il entonne l'antienne : *Ecce lignum Crucis.*

(2) Pendant la semaine sainte, on dressait dans l'église un tombeau ou reposoir figurant le S. Sépulcre. C'est là qu'aux matines de Pâques des diacres habillés suivant leurs rôles jouaient les personnages des trois Maries et de l'ange qui annonça aux saintes femmes la résurrection du Christ. L'acteur qui représentait l'ange se servait d'un bâton pour tirer le rideau dont le tombeau était couvert. Voy. Coussemaker, *Drames liturgiques*, et spécialement celui qui est intitulé : *le Jour de la résurrection*, p. 307. Cf. Martène, *De antiq. eccl. ritibus*, III, 369 D, E, 483 d — 484 B, 500 A — 501 A, 507 C -E.

(3) *Camahu*, camée.

(4) Éventail. Cf. l'art. 79 de l'invent. de 1416.

(5) Viroles.

(6) On appelait *doublets* des morceaux de cristal ou de verre taillés et colorés imitant les pierres précieuses et qui étaient quelquefois placés dessous pour en *doubler* l'épaisseur et l'éclat. Certains bijoutiers en faux (*faiseurs de voirrines, verreniers*), qui contrefaisaient les *doublets* avec des « pierres de voirre blanc fondeisses et depuis tailliéés ausqueles il avoient mis par dessouz tainture qui est appellée rose... ». furent

in modum lapidum preciosorum pro capitibus B. Marie et benedicti filii sui pro ymagine in medio ecclesie, et sunt in custodia triniceriorum de alto.

47. It., duo textus Evangeliorum pro festis magnis et sollennibus et sunt cooperti de auro cum lapidibus preciosis.

48. It., alius liber Evangeliorum, coopertus de argento nigellato, quem dedit officialis Natalis (1).

49. It., tres alii libri unus Evangeliorum et alii duo Epistolarum, cooperti de argento albo in parte deaurato.

50. It., missale sine argento et unus epistolarius coopertus de argento et unus liber Evangeliorum similiter coopertus de argento, quod missale in hiis tribus voluminibus ad usum cotidianum est, et est in custodia matriculariorum sacerdotum.

51. It., una pars alterius missalis in duobus voluminibus, quorum unum coopertum quodam samicio radiato continet Introïtus, Orationes, Responsoria, Alleluia, secunda pars cooperta samicio rubeo continens Epistolas, tercia pars vero, scilicet Evangelia fuit amota de thesauro tempore combustionis revestiarii et cooperta de argento et tradita in custodia matriculariorum sacerdotum, sicut continetur in predecenti particula.

52. It., aliud missale valde pulcrum in duobus peciis, quod dedit Herveus de Trinitate, clericus domini Regis.

53. It., quidam liber notatus, in quo sunt liber generacionis, *factum est* et benedictio cerei paschalis, quem dedit defunctus Richardus de S. Mederico.

54. It., una pars missalis continens orationes et canonem misse, que provenit ab executoribus domini Johannis de Losanna (2).

55. It., quoddam altare consecratum de jaspide, garnitum de argento valoris magni, quod dedit prepositus de S. Audomaro.

56. It., aliud altare portabile marmoreum, garnitum de cupro deaurato, quod dedit dominus Hugo de Cabillione.

cités devant le prévôt de Paris par le Procureur du Roi et les gardes de la corporation des *cristalliers-perriers*. Le 21 janvier 1332 (n. s.), le prévôt rendit un jugement qui, laissant aux *verreniers* la liberté de faire des pierres « *fondues et fendues au cizel et au martel sans fons* » en les teignant de *sang de dragon*, leur interdit de les tailler, de les joindre et d'y mettre de la teinture de rose. Bibl. nat., fr. 24069, f. xiiᵘ xiiii. Cf. *Gloss. des émaux*, vᵒ *Doubles*, et l'*Invent. de Charles V*, nᵒˢ 10 et 104.

(1) Official de l'église de Paris, mort le 25 avril vers 1260. *Obit. eccl. Par.*, p. 56.

(2) Probablement Jean de Losanne, curé de Saint-Christophe à Paris, chapelain de Notre-Dame, mort le 29 novembre 1334. *Obit. eccl. Par.*, p. 206.

57. It., quedam tabula cooperta de cupro et paupere argento, que solebat poni super magnum altare in sollennibus festis.

58. It., quoddam corporalium pulcerrimum de serico, de brodatura elevata, et sunt ibi ymagines B. Marie cum puero et trium magorum, ex erogatione defuncti domini Roberti de Vernone, quondam canonici Parisiensis.

59. It., quedam biblia non glosata grosse littere in quatuor voluminibus.

60. It., quedam mittra alba, garnita perlis, et unus anulus cum quodam lapide rubeo, cum cirothecis de serico albo, garnitis de aurifrasio.

61. It., sex alie mittre in duobus repositoriis de corio que sunt modici valoris.

62. It., IIII paria sandaliorum episcopalium, id est caligarum episcopalium cum totidem sotularibus.

63. It., sex paria cirothecarum episcopalium, quorum unum est ornatum a parte superiori manus de una pecia argenti nigellati.

64. It., unum succentorium de aurifrasio (1).

65. It., una thobalia eschequetata de filo indo (2), parata aurifrasio largo cum leonibus nigris et castris aureis, que fuit prepositi S. Audomari.

66. It. quedam alia thobalia ad magnum altare, parata paramento garnito de perlis.

67. It., quedam alia thobalia nigra de *dyapré* pro missa defunctorum.

68. It., una alia thobalia brodata et parata de aurifrasio continente vitam S. Ludovici ex dono defuncti Henrici de Hyspania, quondam archidiaconi in ecclesia Parisiensi.

69. It., una parva paula lintheata de auro (3).

70. It., quedam thobalia de serico ad comunicandum in die Pasche (4).

71. It., viginti novem panni serici sive deaurati integri.

---

(1) C'est une espèce de petit manipule, pendant à la ceinture du côté gauche, qui n'est plus porté aujourd'hui que par le pape. Voy. *Rerum liturgicarum lib. duo*, auct. Joh. Bona cardinali, lib. I, cap. 24, § 15.

(2) Touaille ou nappe d'autel ornée d'un dessin en échiquier. Cf. n° 117 de l'invent. de 1416.

(3) Nappe d'autel tissue d'or?

(4) Nappe de la sainte table.

72. It., quindecim panni serici sive deaurati, non integri sed in diversis peciis.

73. It., unus pannus sericus deauratus, factus de IIII frustris simul sutis, que fuerunt de executione sive de exequiis defuncti magistri Philippi Conversi (1), ad parandum sedem episcopalem chori.

74. It., unus pannus sericus ad acum factus ad arma Navarre et scuta leonum barratorum.

75. It., unum frustrum panni de samicio, continens circa unam alnam cum quarterio, tam in longitudine quam in latitudine.

76. It., unus pannus de samicio rubeo, qui portatur in lanceis, quando conficitur crisma in ecclesia Parisiensi (2).

77. It., alius pannus albus, forratus de cendallo rubeo, cum quo cooperitur crisma quando conficitur crisma extra ecclesiam Parisiensem.

78. It., alius pannus de serico undatus, quem dedit dominus Leonardus de Flisco (3).

79. It., quidam alius pannus brodatus ad milites et leones, qui dicitur sedes S. Marcelli.

80. It., duo parvi panni qui dicuntur de velveto, unus de indo colore et alius de viridi, et ponuntur super patenam quando celebratur magna missa, et est unus in custodia matriculariorum sacerdotum.

81. It., unus parvus pannus aureus, quem dedit Johanna, quondam regina Francie et Navarre (4), ad ponendum super patenam.

82. It., due *faticles* (5) ad tegendum aquilas pulpiti et chori in custodia matriculariorum sacerdotum.

(1) Philippe le Convers, chanoine de Notre-Dame, qui en 1316 devint propriétaire de biens-fonds sis dans la ville et le terroir de Corbeil et faisant partie de la succession d'Eudes de Corbeil, son confrère, moyennant la cession d'une rente de 45 liv. tour., assise sur la halle au blé de la rue de la Juiverie et sur d'autres immeubles. Les exécuteurs testamentaires d'Eudes de Corbeil employèrent cette rente à la fondation de l'obit du défunt. *Obit. eccl. Par.*, p. 115, 116.

(2) Nous croyons qu'il s'agit ici d'un dais sous lequel on portait le saint chrême. Aujourd'hui l'ampoulle, contenant l'huile, est enveloppée dans un linge, analogue à celui qui fait l'objet de l'article suivant.

(3) Prévôt de Bruges et chanoine de Paris. *Cart. eccl. Par.*, II, 523.

(4) Jeanne de Bourgogne, femme de Philippe le Long, morte en 1330, ou peut-être Jeanne de Navarre, femme de Philippe le Bel, morte en 1305.

(5) Tapis pour couvrir l'aigle du lutrin et celui du chœur. Cf. le n° 246 de l'invent. de 1416.

83. It., duodecim paramenta ad altaria talia qualia, tam ad altare majus quam ad altare minus.

84. It., tria paria custodum, quorum unum par est ad minus altare de tartario (1) radiato et eschiquetato et aliud par ad majus altare de cendallo croceo et rubeo et sunt ista duo paria in custodia capiceriorum et aliud par de (2) . . . . . .

85. It., vⅢ^X xvii cappe de serico, de quibus sunt xix brodate et bone et magni valoris.

86. It., xL paria vestimentorum, tam similia quam dissimilia.

87. It., quinque casule impares.

88. It., due dalmatice impares.

89. It., decem et novem albe brodate, de quibus bene sunt octo parvi valoris, et de ipsis sunt quatuor in custodia matriculariorum sacerdotum ad usum cotidianum, quarum alique dicuntur esse vetustate et consumpte.

90. It., tres albe de serico, quarum una rupta est, et una de *bougueran* pro Paschalibus diebus.

91. It., tres albe de Requiem parate de *dyappré*, que fuerunt empte ab executoribus regine Clemencie (3).

92. It., unum auriculare ad arma Francie, Navarre et Anglie, quod provenit de exequiis regine Marie (4).

93. It., quindecim auricularia de serico, tam bona quam prava.

94. It., iii quarrelli ad cathedras pro sessione presbyteri, diaconi et subdiaconi in magnis festis.

95. It., unum carpitrum ad flores lilii.

96. It., aliud carpitrum magnum ad ymagines de viciis et virtu-

---

(1) *Tartarin, tartaire,* étoffe tirant son nom de la Tartarie, soit qu'elle en vînt, soit plutôt qu'elle imitât certain tissu oriental.

(2) La fin de l'article manque.

(3) Clémence de Hongrie, seconde femme de Louis le Hutin.

(4) Oreiller provenant des obsèques de la reine Marie. La dernière reine de France de ce nom avant 1343 est Marie de Luxembourg, seconde femme de Charles le Bel, morte en 1324. La Navarre ayant appartenu à la couronne jusqu'en 1328, on comprend que la femme de Charles IV unit la marelle de Navarre aux fleurs de lis, mais on ne s'explique pas ce que font ici les armes d'Angleterre. Les objets qui avaient servi aux obsèques célébrées à Notre-Dame, restaient à l'église. On en trouvera plusieurs exemples dans nos inventaires. Le 7 août 1461, le chapitre charge le chantre, le sous-chantre, le chancelier et un chanoine de faire entendre au grand écuyer et aux autres officiers de Charles VII que le poêle d'or qui avait recouvert le catafalque du feu roi ne doit pas être porté à Saint-Denis avec le corps et qu'il revient à l'église, qui ne peut en être dépouillée sans indemnité. *Reg. capit.,* LL 223, p. 261.

tibus, et ponitur ante aquilam in choro super tumbam regine Ysabellis (1).

97. It., duo carpitra, quorum unum ponitur ante decanum et aliud ante cantorem.

99. It., duo carpitra que solebant poni ante majus altare in festis sollennibus, quorum utrumque est modo in usu cotidiano.

100. It., aliud ad *papegaus* quod dedit dominus Robertus de Haricuria, quondam episcopus Constantiensis.

101. It., duo rubea carpitra, que dedit rex Ludovicus (2) et habet quodlibet duo scuta ad flores lilii.

102. It., aliud carpitrum viride ad leones *rampans*, quod dedit Franciscus cancellarius.

103. It., alia tria carpitra talia qualia.

104. It., tria carpitra lanea ad scuta et arma diversa, proveniencia ex legato domini Gerardi de Monte acuto.

105. It., tria carpitra lanea ad aquilas, proveniencia ex dono reverendi patris domini Hanibaldi, episcopi Tusculanensis cardinalis (3).

INVENTAIRE DE 1416

Ensuit l'inventoire des reliques, joyaux, aournemens, livres et aultres biens estans ou trésor de l'église de Paris et en la garde messire Hugues Charpentier, prestre vicaire de S. Aygnen en la d. eglise, récolé par led. messire Hugues en la présence de messire Nicole de Dole, chanoine et Nicolas le Sellier, tabellion d'ycelle eglise, par le commandement de messeigneurs de chapitre l'an mil cccc xvi le xxiiie jour de juillet et es jours ensuivans.

JOYAULX.

1. *Cet article ne présente presque pas de différence avec l'art. 4 de l'inventaire précédent.*

2. *Voy. l'art. 5 de l'invent. de 1343.*

3. *Voy. l'art. 6.*

4. *Voy. l'art. 18.*

---

(1) Isabelle de Hainaut, femme de Philippe-Auguste, inhumée à Notre-Dame. *Obit. eccl. Par.*, 29.

(2) Louis le Hutin.

(3) Annibaud de Ceccano, chanoine de Notre-Dame, archevêque de Naples, cardinal, évêque de Frascati en 1327, mort en 1350.

5. *Voy. l'art.* 17.

6. *Voy. l'art.* 16.

7. *Voy. l'art.* 19.

8. Un vayssel en manière de coupe dessoubz de camehyeu (1) et dessus d'argent doré avec son pié doré et une grosse pierre blanche (2) et y a dedens plusieurs reliques et y fault une pierre (3).

9. *Voy. l'art.* 20.

10. It., deux ymages l'une de Dieu, l'autre de N^re Dame, représentans l'Assumpcion ou le couronnement N^re Dame, et est leur siege esmaillé et soustiennent sur leurs genoulz un gros vayssel de cristal ou quel sont plusieurs reliques que donna Jehan, roy de France, au retour de sa coronacion l'an M. CCC. L. De la couronne Dieu fault une fleur et v pierres qui sont ou coffre de la fabrique (4).

11. It., un long cristal garni d'argent, ou quel on dit estre de l'uyle de la tombe saint Nicolas, et est le cristal brisié.

12. It., une ymage de saint Saulveur d'argent doré et a les paulmes tendues et percees tenant entre ses genoulz un petit cristal, ou quel a du sang Nostre Seigneur et plusieurs aultres reliques, et soubz ycelle ymage a ii angelos, soubz les quielx a ymages d'ommes saillans hors de leurs tombeaux, armoyé des armes messire Jehan de Chalon, chevalier qui le donna et y fault unes armes (5).

13. It., une ymage de N^re Dame tenant un petit cristal, ouquel a des cheveux d'elle, et est le pie dud. ymage esmaillé à angelos. Y convient faire tenir le cristal.

14. It., une ymage de sainte Katherine, tenant en sa main senestre une roe (6), en la quelle sont des reliques d'icelle saincte, couronnee

---

(1) Dessus d'ung agathe. *Invent. de* 1438, LL, 197, p. 2.

(2) De cristal. *Ibid.*

(3) Et y a une petite chayennete d'argent doré. *Ibid.*

(4) En 1423, ce reliquaire fut vendu à un changeur, avec celui qui est décrit sous le n° 24. Les reliques du premier n'étaient pas accompagnées de certificats. Quant à celles du second, l'inventaire les rapporte à saint Guillaume, les registres capitulaires à saint Siméon et au pape saint Corneille, le procès-verbal de vente à saint Siméon et au pape saint Calixte. Quoi qu'il en soit, le chapitre les garda. Les deux reliquaires, pesant 35 m. 3 on., furent vendus 318 liv. 7 s. 6 den., somme qui fut employée à la réparation des moulins du Grand-Pont. *Reg. capit.*, LL° 215, p. 417; LL° 196, f. xxii, v°.

(5) Nota que les deux angelotz tiennent chascun ung reliquaire de cristal. *Invent. de* 1438, p. 3.

(6) On sait que la roue, instrument du supplice de sainte Catherine, est toujours son attribut dans l'imagerie.

d'une couronne garnie de perles et a ou sommet de la teste dud.
ymage de la teste d'icelle saincte et donna ces deux derrains ymages
le roy Charles au retour de sa coronacion l'an mil ccc lxiii et y faillent cinq perles et ii esmails.

15. Une aultre petite ymage de Nre Dame d'argent doré tenant
son filz en son bras que donna l'orfèvre et pese i marc ii onces et a
esté ordenée par les proviseurs de la fabrique à mettre sur la chasse
Nre Dame l'an mil ccc iiii^{xx} vi (1).

16. Un reliquiaire en fourme d'un chef d'un evesque d'argent
doré bien esmaillé et mitré fait de nouvel ou quel est enclose la teste
saint Gendulfe (2).

17. i aultre reliquiaire d'argent doré bien ouvré fait en maniere
d'un triangle, et au dessus est le couronnement Nre Dame et i reliquiaire rond de cristal, ou quel a des cheveux Nre Dame, des os
sainte Agnes et sainte Constance, donné par le roy Charles le premier dimenche de l'Avent xxviiie jour de novembre l'an mil ccc
lxxii° (3).

18. Un aultre bel jouel d'argent esmaillé, pesant xxx mars ii onces
xv esterlins d'argent doré et ou sommet est l'ymage du crucefix et Nre
Dame et saint Jehan et soubz led. crucefix sont deux ymages assez
grosses, l'une de saint Jehan Baptiste, l'autre de saint Barthelemi,
tenans deux petis cristals ronds es quielx a aucunes reliques et sur
le pié d'icellui jouel a un long cristal rond ou quel a des os du roy

---

(1) Nota que lad. ymage Nre Dame a esté dérobée sur lad. châsse descendue et
baillée au chevecier, lequel avoit portée lad. châsse et ymage en sa chappelle pour
estre portée l'andemain aus processions. *Invent. de* 1438, *loc. cit.*

(2) Nota que lad. mitre est garnie de fanons pendans à charniere. *Ibid.*, p. 4. Les
extraits tirés par Sarrasin d'un compte de la fabrique de 1361 à 1362 nous apprennent que le reliquaire de S. Gondon fut commandé à un orfèvre, nommé Pierre de
Sèvres. Celui-ci stipula, tant pour la matière que pour la façon, le double du poids
du reliquaire, et, en attendant que ce poids fût déterminé, reçut une avance de
25 marcs d'argent (LL 373, f. 9, v°). On voit par le compte de l'année financière
1364-65 que Pierre de Sèvres était mort, laissant son œuvre inachevée. Nous ignorons qui la termina; nous savons seulement qu'à la suite de l'arbitrage de trois
maîtres orfévres de Paris, la veuve reçut de la fabrique 3 fr. d'or par marc ouvré,
soit en tout 55 liv. 17 sous 6 den. tourn., le buste pesant 16 m 6 onces et demie.
Ibid., f. 10, v°.

(3) On lit en marge : « L'an mil iiii^c xxiii le xxiiiie de decembre ce jouel ci fust
vendu à l'arcevesque de Rouen et pesoit xxv m. iii on. le marc ix liv. x s. tourn. et ne
desplasse au trespassé qui le donna, car on ne trouva dedans le reliquaire chose que on
peust congnoistre que ce fust ne aulcun escriptel qui le devisast et est mis ou trésor
ce qui estoit dedens en un pou de papier. » Cf. *Reg. capit.*, LL 215, p. 430; LL 196,

saint Louys que donna led. roy Charles quint premier Dymenche de l'Advent l'an mil ccc lxxiii (1).

19. Un aultre bel jouel bien ouvré, pesant xl mars iiii onces d'argent doré et ou sommet d'icelluy a un crucefix, soubz lequel est le couronnement N^re Dame en un tabernacle (2), soubz lequel a un cristal long ouquel est le bras saint Rigobert et au dessoubz a ii angels tenans reliques de saint Etienne et de saint Bernard et plusieurs aultres et le donna led. roy Charles le premier dymenche de l'Advent l'an mil ccc lxxiiii et y faillent iii petites bannieres desquelles l'une est ou coffre de la fabrique.

20. Une petite ymage de N^re Dame d'argent doré que donna Yvain de Gales, escuier l'an mil ccc lxix et ou pie sont ses armes (3).

21. Un petit jouel fait à maniere d'un temple à un cristal garni d'argent un pou doré ouquel a reliques et a pie d'argent, ouquel tient un cristal à une petite chaine d'argent blanc, ouquel cristal a des dens saint Jehan Baptiste, comme on dit (4).

22. Un jouel bien bel et grant et bien ouvré pesant iiii^xx i marc et demi d'argent, comme on dit, et ou sommet a un crucefix esmaillé et les ymages de N^re Dame et de saint Jehan et soubz le crucefix a plusieurs ymages de sains et sur le pié du jouel a une ymage de N^re Dame tenant son fil d'une part et d'autre part tient i petit cristal à mettre reliques et le donna led. roy Charles le premier dimenche de l'Advent l'an mil ccc lxxv. En la partie senestre du crucefix fault un angelot. It. y fault l'espée saint Pol et dit on que led. angel est ou coffre de la fabrique. It. aussi y defaillent iiii angels et dit on que l'archediacre de Josas en acheta les ii et les aultres deux sont oud. coffre de la fabrique (5).

23. Un jouel d'argent, ouquel est la coste saint Severin dedens un grant cristal, et ou pié du jouel a six escus aux armes de la Royne

---

f. xxiii. L'archevêque de Rouen était alors Jean de la Roche-Taillée, patriarche de Constantinople, évêque de Paris, promu le 25 juin 1423 à l'archevêché de Rouen, cardinal du titre de S. Laurent in *Lucina*, mort le 24 mars 1436.

1) Nota que le pié du reliquaire est garny de vii lyons et y en fault ung. *Invent. de* 1438, p. 4.

(2) Fermant à deux guichès d'argent esmailléz. *Ibid.*

(3) Tenant ung cristal en sa main en maniere d'une chasse. *Invent. de* 1438, *l. c.*

(4) Lors du récolement de 1485, ce reliquaire n'était plus au trésor, comme le constate la note suivante : Led. joyau baillé à S. Maturin de Larchant et ou lieu d'icelui a esté raporté celui dud. S. Mathurin *et ideo hic non reperitur. Ibid.*

(5) Le chapitre vendit ce joyau 8 fr. 10 s. par. *Reg. capit.*, 23 et 28 juillet 1423. LL 215, p. 409.

et du Daulphin, que donna la Royne de France le premier dimenche de l'Advent mil ccc lxxv. et y a deux petits angels au ii. costéz, l'un tenant i cristal et l'autre non.

24. i jouel d'argent doré, pesant xx mars une once v esterlins, et ou sommet souloit avoir crucefix soubz lequel a i tabernacle ou milieu duquel a un tabernacle ouquel a des reliques saint Guillaume, et ou pié dud. jouel a six quartiers des armes de France et le donna la Royne de France le premier dymenche de l'Advent l'an mil ccc lxxvi. Led. crucefix est ou coffre de la fabrique comme on dit.

25. Un jouel d'argent doré, pesant lxvii mars et vii onces d'argent, et a ou sommet un petit crucefix garni de cinq pierres de voyrre et iiii perles blanches et à l'environ dud. crucefix a iiii petites ymages, est assavoir Nre Dame, saint Jehan et deux larrons et ou milieu du jouel a iii aultres ymages, est assavoir sainte Katherine, saint Jehan et sainte Agnes et ou pie du jouel a i cristal long, ou quel a i os de saint Germain, evesque de Paris, et le donna le roy Charles quint le premier dimenche de l'Advent l'an mil ccc lxxvii et y fault ii ayguilles sur ii pillers (1).

26. i petit jouel d'argent, donné par led. roy Charles le premier dimenche de l'Advent mil ccc lxxix ou quel a une ymage de Nre Dame et pardessus elle un tabernacle, ouquel est l'ymage saint Pol et trois pierres de voirre à maniere de saphirs, et soubz le pié de l'ymage Nre Dame est l'escu de France et tout au dessus est un petit crucefix.

27. Un jouel d'argent doré, ou quel est l'ymage Nre Dame droicte entre deux pilliers, sur les quielx a un tabernacle ouvré, et dessoubz deux escus aux armes du Daulphin et ou milieu un escu aux armes de France, que donna led. roy Charles le premier dimenche de l'Advent l'an mil ccc iiii^{xx}.

28. Une ymage d'or de sainte Venice (2) assise sur un pié d'argent doré, tenant en sa main un cuevrechief d'or esmaillé de blanc et en ce cuevrechief a un rond jouel d'or ou est la Véronique et à l'environ a iiii ymages tenant iiii roles et à l'environ a trois balays et trois saphirs d'Orient et xxxvi perles d'Orient, chascune de trois caras ou environ, et le donna le roy Charles présent sixte, le dymenche vi^e jour de fevrier l'an mil ccc iiii^{xx} xv (3).

(1) Nota qne led. ymage sainte Agnes est garny d'ung aigneau rempant. *Invent de* 1438, p. 5.
(2) Ste Véronique.
(3) Lequel y[m]age est assis de nouvel sur i pié d'argent doré aux armes de la

29. Deux plas d'argent pour laver les mains du prestre à l'autel pesans ix mars à facon de goderon, esmaillez aux bors, et ou fons de l'un a un esmail de l'Annonciacion et l'autre de N^re Dame gesant, que donna messire Pierre d'Orgemont, evesque de Paris le iie jour de fevrier l'an mil ccc iiii^xx vii.

30. Une paix d'argent dorée, ou a un crucefix et aultres ymages, aux armes du cardinal de Luxembourg (1), qui la donna ou moys d'avril mil ccc iiii^xx x. Il en fault une fueille.

31. Une ymage de N^re Dame d'argent dorée, tenant en l'une main son enfant et en l'autre un reliquiaire de cristal garni de xv perles et ou sommet un saphir, et est la couronne de l'ymage garnie de plusieurs perles et pierrerie assise sur un pié d'argent esmaillé à ymages d'apostres et la donna le roy Charles sixte le jour que le dauphin fut né et poyse xxiiii mars vii onces et demie. Dessoubz le cristal fault une perle et en la couronne trois perles et un saphir.

32. Une moult belle ymage de N^re Dame bien dorée tenant son filz et un ymage de daulphin que donna led. roy Charles premier dimenche de l'Advent l'an mil ccc iiii^xx xiiii et poysent cxii mars v onces xv esterlins (2).

33. Une ymage doré[e] de N^re Dame, tenant son filz à senestre et à destre un jouel à un long cristal, et ou pié a ymages de saint Pierre et saint Pol, que donna la royne d'Angleterre à son département de Paris l'an mil ccc iiii^xx xvii (3).

34. i jouel d'argent à facon de coupe, garni de pierrerie, et

---

Royne Ysabeau pour ce que le pié dud. ymage avoyt esté vendu. *Invent. de* 1438, p. 5.

(1) Pierre de Luxembourg, chanoine de N.-D., évêque de Metz en 1384, cardinaldiacre du titre de S. Georges *in Velabro* en 1386, mort en 1387.

(2) Et non reperitur led. daulphin quare venditus fuit et reperitur ymago Virginis. Et nota que led. ymage tient du costé dextre son filz qui tient la mamelle et a sur sa teste ung petit bonnet de velours cramoisy garny d'argent doré et plusieurs petites pierres et perles avecques ung bouton de perles sur la pointe dud. bonnet et sur la teste dud. ymage est une couronne d'argent doré garnie de diverses pierres de petite valeur et en la main senestre dud. ymage a ung fritellet de cristal garny d'ung chappiteau d'argent doré et pend au coul de lad. ymaige une chaine d'or à quatre carrés à jor a la quelle pend ung aisneau ou y a une petite poincte de dyamant et une petite agathe enchassée en or avecque une feuille de chesne frible d'argent doré. *Invent. de* 1438, p. 9.

(3) Isabelle de France, fille de Charles VI, mariée en 1396 à Richard II, roi d'Angleterre.

ı cristal ouquel on souloit anciennement mettre le corps nostre Seigneur (1).

35. ı petit rond jouel d'argent à façon de coupe, ou quel a aucunes reliques.

36. ı reliquiaire d'or, ou quel est le chef monseigneur saint Ph[i]lipe avec les espaules d'or et le collier d'entour les espaules a ıı escussons des armes au duc de Berry aux deux bous et y a ıııı saphirs, ıııı balays, xvııı grosses perles. It., au bout des armes dessusd. a ıı plus grosses perles des aultres et ou milieu d'icelles ıı grosses perles, en la fin de la barbe a ı fermeillet garni d'un gros saphir, ııı balays et ııı grosses perles. It., le pié, qui est d'argent, est soustenu de v ours et v enfans dessus tenans chainetes dont les ours sont liéz, et entour led. pié a trois ymages, est assavoir Nro Dame, tenant son enfant à senestre, et l'enfant tient un moulinet a ıᵉ petite perle dessus, et Nre Dame tient a dextre ı fretelet (2) d'une grossete perle et ıııı menues, et dessus led. pié a ıı angels qui soustiennent led. chef, et dessoubz leurs mains a deux pillers, qui descendent jusques au pié, et tout entour dud. pié sont les armes dud. seigneur et sur le pié du milieu par derriere a ı cigne qui tient ı petit rondeau à ıᵉ chainete aux armes dud. seigneur (3).

37. ıᵉ ymage d'or de S. Denys, tenant son chef entre ses mains, en la mitre du quel a ıı saphirs longues et sur yceulle mittre ııı aultres saphirs et ıııı balays, six couples de grosses perles, xıı aultres perles qui avironnent ıı des balays dessus d. et entour le hault de la mitre a xxxvı perles et sur le dyademe d'or dud. chef a ııı balays, un saphir ou milieu et trois fretelés, chascun de ııı perles et est tout assiz sur ı pié d'argent, ouquel sont les armes de la royne escartelées de France et de Baviere, et oud. pié a ıı petis pillers ronds à jour (4).

(1) Et est le joyau fait en façon d'une couppe couvert et sur led. couvecle est ung rond de cassidoyne. *Invent. de* 1438, p. 6.

(2) *Fretelet, fruitelet,* bouton en forme de fruit surmontant souvent un couvercle. Voy. *Gloss. des émaux,* vᵒ *fretel.*

(3) C'est très-probablement ce reliquaire qui fut l'objet de la résolution suivante prise par le chapitre le 28 janvier 1414 (n. s.). : « Super facto receptionis jocalis quod vult dare et presentare dominus dux Bituricensis die Veneris proxima in festo Purificacionis B. Marie Virginis in ecclesia Paris. recipiatur cum majori reverencia qua recipi poterit cum torchiis, pulsacione et cappis sericeis recipietur in ecclesia sancti Johannis Rotundi et de ipsa ecclesia processionaliter defferetur ad ecclesiam Parisiensem. » *Reg. capit.,* LL 214, p. 266. Le chef de saint Philippe serait donc entré au trésor le 2 février 1414 (n. s.). On y comptait peu de pièces aussi belles. Aussi était-il porté dans les processions. *Ibid.,* LL 216, p. 162; LL 217, p, 333.

(4) « Magister Pasquerius declaravit quod magistri J. de Laneo, P. de Ordeimonte et

38. ı^e ymage d'or de sainte Agnes, la quelle ymage a en la poytrine ı fermail d'un gros saphir, avironné de vııı grosses perles, et tient à destre ı^e palme d'or et y a un aignel d'or rampant en la senestre partie contre led. ymage, et entour le dyademe dud. ymage a ııı balays et ıııı chatons et en chascun a ııı perles, et est tout assiz sur ı pié d'argent, où il y a ıı pillers ronds aux deux costéz et deux esmaulx des armes de monseigneur le Daulphin (1).

39. ı^e ymage de saint Laurens d'argent doré, tenant à dextre un greil et à senestre ı cristal, ou quel a de sa coste et entour le pié a ı^e L et les armes de feu messire Laurens de la Mongerie (2).

40. ı ymage d'argent doré à elles esmaillées, tenant ı reliquaire du bras saint Julyan du Mans, assiz sur ı pie armoyé des armes du cardinal de la Forest et est led. pie soustenu de ıııı lyonceaux d'argent dorez.

41. ı^e ymage d'argent doré de saint Julian tenant à senestre ı crosse et en la poytrine a de ses reliques. La crosse y fault.

42. ı cristal enchassé en argent, l'un bout esmaillé, l'autre non, et y a escript : *de dentibus S. Eligii unus et de ossibus plurimorum sanctorum.*

43. Le grant tableau d'or, garni de plusieurs ossemens et reliquaires, et en especial des dens N^{re} Dame ou milieu et est garni de ıııı^{xx} xıı balays de plusieurs sortes et diverses facons, ıııı^{xx} xıı saphirs de plusieurs sortes et facons et vıı^{xx} ıı perles de plusieurs sortes, donné par le duc de Berry (3).

ipse ceperant in thesauro ecclesie quamdam ymaginem sancti Dionysii auream dempto pede, sufficienter designatam in inventario thesauri, et vendiderant corpus ipsius ymaginis quod ponderabat, demptis capite et dyademate, v^c marcas vı oncias et v sterlingos precio Lvı salutorum auri pro marca et retinuerant pedem de argento, caput et diadema suprad. et ipsum corpus habuerat Ægidius *Prosart*, aurifaber, precio pred. » *Reg. capit.*, 5 sept. 1429. LL 216, p. 173. « M. P. de Vallibus obtulit reddere compotum finalem de ymagine S. Dionysii vendita per eum et de qua recepit magnam peccunie summam. » *Ibid.*, 24 juin 1430, LL 216, p. 211.

(1) En 1423 le chapitre avait besoin d'argent pour continuer la réparation de ses moulins du Grand-Pont, couvrir la vieille tour (berfredum antiquum), acquitter une contribution de guerre de 200 fr., etc. Le 10 novembre, il décida que cette statuette de sainte Agnès serait vendue. *Reg. capit.*, LL 215, p. 423, 424.

(2) Chanoine prébendé de N.-D., mort au mois de mai 1409. Raoul Liéjart lui succéda dans son canonicat et sa prébende. *Reg. capit.*, LL 213, p. 211.

(3) Le 31 octobre 1414, le chapitre avait pris au sujet de ce tableau d'or la décision suivante : « Ordinatum est et concorditer, nemine discrepante, conclusum... quod singulis annis in die festivitatis omnium sanctorum sacra tabula aurea pluribus venerandis reliquiis sanctorum decorata, per dominum Bituricensem Parisiensi ecclesie erogata ob reverenciam sanctorum omnium et contemplacionem ejusd. domini

44. ı annel d'or à ı saphir et ıı Y grégoys entailléz à jour, mis ou coffre de la fabrique avec le chose (*sic*) de Partenay.

45. ı affiche d'or menuement ouvrée de fueilles et roleaux escrips, et ou milieu une maniere de baçin à fontaine, assiz sur ıᵉ grosse perle cornue, et sur le chapiteau de la fontaine a ıᵉ grosse perle longue et est semé de plusieurs pierres et perles, est assavoir v balays, ıııı esmeraudes grossetes et plusieurs petites esmeraudes et petis balays et six chatons, à chascun deux perles et six aultres perles, assises tant sur chapiteaux comme sur petites tournelles, et ıı plus petis perles dedens et dud. affiche a ıᵉ petite pièce rompue de la partie d'embas, en laquelle a ııı esmeraudes et ı balay cassé et se met dedens ı estuy à charnieres d'argent (1).

46. Dedens led. estuy a ı petit fermail d'or de façon de ıı elles assemblées au bout desquelles a six grosses perles, et ou milieu desd. elles a ı saphir à jour et ıᵉ perle au bout et embas a ı balay à jour et ıᵉ perle et par dessus, où on atache le d. fermail à ı escu d'or escartelé de Berry et de Partenay donné par le seigneur de Partenay pour pendre au chef saint Denis (2).

47. ı esmail d'or pour une chape, à ıı ymages, l'une de Nᵗᵒ Dame tenant son enfant, l'autre de saint Jehan Baptiste, ou milieu des quielx a ı arbre de pin sur lequel arbre a ı gros saphir et autour dud. esmail a ııı balays et ııı saphirs et six chatons chascun de trois perles et est tout assiz sur ıᵉ terrasse esmaillée de vert et entre les pierres dessus d. et perles a xıı feulles d'or et derriere led. fermail a ıı ayguilles plates qui se boutent dedens la chape (3).

48. ıᵉ paix d'or à ymages entaillées de la passion N. S. entour de la quelle a x balays, ıııı saphirs et xıııı chatons et en chascun a ıııı perles, donné par le duc de Berry.

49. ıı burettes d'argent dorées pesans ı marc et demi. Elles sont a l'autel et servent.

50. ıı aultres burettes d'argent despecées.

---

ducis defferatur ad processionem solenniter per ecclesiam cum torchiis, dominis canonicis et aliis de choro, capis indutis sericis tamen. » *Reg. capit.*, LL 215, p. 17. Est-ce le même tableau qui, à cause de sa valeur, ne devait être placé sur l'autel de saint Sébastien, dont il contenait des reliques, qu'un lundi par mois et les lundis où tombaient les fêtes solennelles, et qui, le reste du temps, devait être remplacé par une relique moins précieuse? *Reg. capit.*, 18 juin 1434, LL 217, p. 100.

(1) En marge : *vendu.*
(2) En marge : *vendu.*
(3) En marge : *vendu.*

51. ɪ fermail de chape esmaillé, où sont Nʳᵉ Dame et saint Jehan eslevéz, et y fault le crucefix.

52. ɪ bel autel portatif de jaspre, bordé d'argent doré et aux ɪɪɪɪ cornes y a reliquiaire couvers de critail dedens ɪ estuy fermant.

53. ɪ aultre autel portatif de porfide, bordé de cuivre doré, sur le quel on chante au petit autel de bois et ɪ faut ɪ pié (4).

54. ɪɪ estuys de cuir ou sont ᴠɪ mistres d'evesques, les unes paréez et les aultres non, de petite valeur et ɪɪɪ paires de gans de soye et de fil (5).

C R O I X.

55. Une croix d'argent doré, que soustiennent deux angels, tout pesant xɪɪ mars, en la quelle on porte le corps Nostre Seigneur au jour du sacrement, que donna Mᵉ Gérard de Montagu, chanoine de Paris.

56. ɪᵉ petite croix d'argent doré, garnie de pierrerie, à tout le pié d'argent doré, ouvré à serpens et oud. pié a escript : *adoramus, te Christe*, et y fault une pierre et plusieurs perles et ɪᵉ aultre pierre à tout son chaitron (*sic*) sur la teste du crucefix.

57. ɪᵉ croix assise sur ɪ grant pié d'argent doré, ou quel a ɪɪɪɪ escus de France, et en la croix a du fust de la vraye croix et pèse tout xx mars et la donna le roy Charles quint le premier dimenche de l'Advent l'an mil ccc lxxvɪ.

57 *bis.* ɪᵉ croix d'argent dorée, bien ouvrée pesant xxv mars, ᴠɪɪ onces et y a un crucefix, Nʳᵉ Dame et saint Jehan et est ordenée pour y mettre du fust de la vraye croix, et ou milieu du jouel a plusieurs

(1) Et y fault ɪ lyonnet qui fait l'un des piéz. *Invent. de* 1438, p. 7. C'était une table de porphyre qu'on plaçait sur l'autel de bois.

(2) Deux grans platz de voirre ouvréz à feulles athachées contre le voirre. La croce d'argent doré, esnellée au pommeau à bestes et ou millieu du tour de la croce est l'ymage N. D. assize et ɪ evesque à genoux devant elle et n'y a point de baston.

ɪ camahieu ouvré à feulles relevées et deux testes de bouc, assiz sur ɪ pié d'argent doré à esmaulx garniz de oyseaux et de serpens et la bouche dud. camabieu garni d'argent doré, venu de l'execucion de la Reyne Ysabeau.

ɪ petit reliquiaire garni d'argent blanc et de cristal, à tout une petite chiennette d'argent, longue de ɪɪ piez et demi.

vayssel d'argent assiz sur troys petis lyons doréz et sur le couvescle ɪɪɪ escus esmailléz a lyons rampans et une croce ou millieu et ɪ glan ou millieu des ɪɪɪ escus, qui fait la viz de l'ouverture et est assavoir que dedens ycellui vayssel a ɪɪɪ aultres petis vaysseaulx d'argent a tout les couvescles, escript dessus l'un : *Sanctum crisma*, l'autre : *Oleum sanctum* et l'autre : *Oleum infirmorum* et poize tout ɪɪ m. ou environ. *Invent. de* 1438, LL 197, p. 7, 8.

ymages d'aucuns prophètes et est le pié d'argent doré et devant le
pié a ı cristal, ouquel a reliques et le donna le daulphin premier
dimenche de l'Advent l'an mil ccc lxxvıı, et y fault une ele en un
des angels et l'autre est rompue et y fautı prophète (1).

58. ı^e croix d'argent pesant xxvııı mars, ıı onces, dorée, esmaill-
lée, garnie de pierres rouges de petite valeur et y a un petit crucefix, et sur le pié de la croix a ıı bonnes ymages de saint Pierre et
Pol, et est led. pié d'argent doré esmaillé, et le donna le daulphin le
premier dimenche de l'Advent l'an mil ccc lxxvııı. Du costé senestre soubz les Juifs fault (2) un esmail.

59. ı^e croix d'argent dorée à ı cristal et les ymages de N^{re} Dame
et S. Jehan, et ou milieu de la croix est la resurrection N. S. que
donna led. roy Charles quint l'an mil ccc ıııı^{xx} xvıı.

CROIX A PORTER.

60. ı^e croix d'argent dorée, avec les ymages du crucefix, de N^{re}
Dame et de saint Jehan, et y sont les ıııı Euvangelistes esmailléz aux
ıııı cornes de la croix et y a du fust de la vraie croix, et se monstre
au peuple le vendredi aouré, ou cuer de l'église de Paris, et fut en-
voyée de Jherusalem par Ansel de Paris, chanoine et chantre du
Sépulcre de Jherusalem (3).

61. Une croix d'argent dorée et esmaillée d'azur, où sont le crucefix, saint Jehan et N^{re} Dame, et soubz le crucefix a du fust de la
vraye croix et sur les ıı bras de la croix a ıı angels, et la donna le
prévost de Bruges et y faillent plusieurs pierres (4).

62. ı^e grant croix d'or d'ancienne façon, garnie de pierrerie, et
est le pommel de cuivre et se porte en l'église aux grans festes et y a
escript au dessus de lettre blanche : *Crux Christi, porta salutis* (5).

63. ı^e croix de cristal, garnie d'argent et de pierrerie, et est le
pommel de cuivre. Led. cristal est brisié et y fault ıı pierres de
voyrre.

64. ı^e croix d'argent dorée esmaillée et est de grant poys et a ıı

<hr>

(1) En marge : La croix est baillée aux cheveciés et le pié demeure ou trésor et
pour ce ont rendu une grant vieze croix d'argent qu'ilz avoient toute despeciée.

(2) Une traingle esmaglée et au pié de la croix a ung ange assiz et au dessoubz
sur la pate sont les troys Maries d'argent doré. *Invent. de* 1438, p. 9.

(3) Et en fait on double en l'evesché de Paris le premier dimenche d'Aoust.
Invent. de 1438, p. 10.

(4) Et se met sur le grant autel aux jours solempnelz d'evesques. *Ibid., loc. cit.*

(5) Et est mise en ı estuit de cuir et sert pour les grans processions. *Ibid., loc. cit*

angels sur les bras et est le pommel d'argent doré. Il y fault trois pièces d'esmail.

65. ı⁰ croix noire et est le crucefix d'yvoyre et le pommel de cuyvre doré pour le service des trespasséz, le bras destre est brisié et y fault deux euvangelistes par derrière, qui sont ou coffre de la fabrique.

66. ı⁰ croix d'or à ᴠııı grosses esmeraudes et xxı balays et ıx saphirs, dont cellui du milieu est plus gros que les aultres, sur le dyademe du crucefix a ıııı gros dyamans et les cloux des deux bras et des piez sont ııı gros dyamans, en la couronne du chief a ᴠııı petis dyamans et la place vuyde d'un balay en la mammelle, il y a xxıı couples de grosses perles sans le dyademe et ou dyademe a ıııı chatons et en chacun ııı perles et au tour des ıııı dyamens devant diz et est taillée par derriere à fleur de liz endentées aux armes de monseigneur de Berry, et est assise sur ı pié d'argent doré sur ıııı lyons à ᴠııı esmaulx. Au tour du pié des armes dud. seigneur et sur led. pié a ıı branches getans d'un costé et d'aultre, sur les quelles sont deux ymages d'or, l'un de Nʳᵉ Dame et l'autre saint Jehan, chascune tenant ı livre.

67. ı⁰ grant coupe d'argent doré dedens et dehors à ıı anses, pesant avec la patene xv. mars ıı onces et demie et se nomme le godet saint Thomas.

68. Avec ce godet a ıı tuyaux d'argent doréz pour prendre le vin le jour de Pasques après la communion, pesant ıııı onces et demie.

69. Deux encensiers d'or, pesans xı mars xıı est. ob., l'un plus pesant de l'autre de xv est., et en l'un fault le pommel d'un capitel, lequel est ou coffre de la fabrique (1).

70. Deux encenciers d'argent blanc pesans en tout xı mars (2).

71. ı⁰ coquille d'argent blanc pesant ııı mars ı⁰ once xvı est. à mettre l'encens (3).

---

(1) Dans sa séance du 23 février 1423 (n. s.), le chapitre décida que ces deux encensoirs seraient vendus en secret, afin d'éviter le scandale. Un essai fait à la Monnaie constata qu'ils étaient à 19 carats un quart et un huitième de carat de fin. Ils furent achetés par un changeur. LL 215, p. 396; LL 196, f. xxıı, v°.

(2) Nota que lesd. encenciers ont esté reffonduz et pesent à prezent onze marcs et demy. *Invent. de* 1438, p. 11.

(3) Une petite bouete d'ivere cassée en laquelle a un petit repositoire d'argent doré et de cristal.

Une chayne d'or à chaynons quarréz boutéz l'un dedans l'autre à laquelle pend ung friquelet en façon de burlette en laquelle a une louppe de safir ou cassidoine, qui pert de deux costéz, pesant tout ensemble deux onces quatorze estrelins, laquelle

CALICES.

72. Un calice et sa patene d'or, pesant vi mars et demi, garni ou pommel de bonnes perles et pierrerie, et le donna le roy Charles quint le premier dimenche de l'Advent l'an mil ccc lxx. Il y fault i balay qui est ou coffre de la fabrique avec le fermeil du sire de Partenay. Soyt remis avec l'annel dessusd. (1).

73. i calice d'argent doré et sa patene avec i^e petite cuillier pesant ii mars iiii onces, armoyé des armes pape Innocent quint qui le donna, es quelles a i lyon et ii clefs.

74. i calice d'argent bien doré, armoyé de France et de Navarre.

75. i grant calice d'argent doré dedens et dehors, en la patene un crucefix et sur le pié trois ymages d'apostres (2).

BASTONS ET VERGES.

76. Le baston pastoral du chantre de Paris en iii pieces, bien ouvré et esmaillé, le pommel d'argent doré qui fut aultrefoiz d'un

a esté donnée par laiz du testament de feu Nicolas de Savigny pour mettre à l'ymage de N. D. du grant antel à certaines festes déclairées oud. testament et laquelle fut apportée et livree ou chapitre ou moys de May l'an mil cccc soixante troys et mise ou trésor avec les autres joiaulx l'an dessusd. le viie jour de juing. En lad. chayne pend ung aneau d'or garny d'une pointe de dyamant lequel donna feu messire Louis de Luxembourg, jadiz connestable de France, et vault led. aneau par estimacion iiii escuz et est de present lad. chayne avecques lad. bullete et anneau pendue au col de la belle ymage N. D. *Invent. de* 1438, p. 11. *Le second art. est, comme on voit, un art. additionnel.*

(1) Ung grant calice et patene tout d'or. Au tour du pié ung souleil à deux émaulx, l'un du crucefix et l'autre de N. D. et au pommeau ung soleil dessus et dessoubz à xii esmaulx d'apostres et entour la couppe ung soleil et en la patene ung soleil, ung email a couronnement, et dedans lad. patene ung jugement pesant xvi m. iii on. ung gros avec ung estuy de cuyr houssié aux armes de France et L. L. couronnées donné par le Roy Loys XIe à Noel mil cccc lxix. *Invent. de* 1438, *art. additionnel*, p. 12.

(2) ii beaulx estuis à corporaulx à *Agnus Dei* et perles que donna madame de Guienne à ses armes et aux armes de Richemont et au fons une croix de fil d'or, en l'un desquelz a ii corporaulx et l'autre i.

Deux petis calices d'argent, l'une (*sic*) doré et l'autre non, le doré pesant environ deux marcs et une once, émaillé ou pomeau aus armes d'Orgemont et l'autre i m. ou environ.

Deux burettes d'argent pesant environ iiii on.

L'an m cccc lxxiii ou moys de juillet lesd. deux burettes avec autres quatre ont esté prinses pour refere les deux bastons des croys. *Invent. de* 1438, *art. additionnel*, p. 12.

camahyeu, lequel est tout rompu ou coffre de la fabrique, et y a une pièce d'argent doré que fist faire M⁰ Germain Paillart, lors chantre de Paris, à présent evesque de Lusson.

77. 1ᵉ verge noire, de laquelle on descueuvre la croix le jour du vendredi aouré.

78. 1 verge de sicamor, que donna Nicolas des Champs.

79. 1 esventail brodé aux ymages de saint Estienne et de ceulx qui le lepident, garni de petites pierres blanches, et y fault des perles.

80. 1 bel repositoire de corporaulx, ouvré de brodure à ymages de Nʳᵉ Dame et de son filz et les trois roys offrans.

81. Une navete d'argent blanc à mettre encens.

82. Une boyte ronde d'argent doré pour le pain à chanter.

83. 1 estuy de boys couvert de plate d'argent figuré dedens de la passion et garni d'or d'ouvrage de Venize pour mettre corporaulx, et est despecée la plate en plusieurs lieux.

84. 1ᵉ coupe de cuivre bien doré à mettre *corpus Domini* et a 1 crucefix à mettre dessus.

85. 1ᵉ boyte ronde d'yvoire, garnie d'argent et une fiole plate de voyrre pour mettre baulme.

86. 1 pennier de cliche (1) de boys blanc à plusieurs reliques des xıᴹ vierges et d'aultres (2).

87. 1ᵉ petite boyte d'yvoire, cassée et dedens a 1 petit repositoire de reliques d'argent doré sans reliques.

L I V R E S.

88. Deux tiextes d'Euvangiles, l'un greigneur de l'autre et sont

----

(1) Un pannier de claie, c'est-à-dire à claire-voie. Voy. *Gloss. des émaux*, vᵒ *cliche*.

(2) Deux bastons couvers d'argent pour porter les croix à souailles doréz, dont l'un est devers le chevecier pour porter la croix tous les jours et l'autre est au trésor.

Un reliquiaire en facon de bras tout d'or ou quel y a partie du bras S. Andry le quel reliquiaire donna et fist faire le Roy Loys XIᵉ.

Une paix d'argent doré enrichie de pierrerie et de perles autour et au fons est figurée la passion N. S. par carreaulx laquelle donna feu Mᵉ Guillaume Soyer, chanoine de Paris, et y a faulte d'une perle et aubas sont les armes de feu monseigneur Chartier, evesque de Paris.

Une croix à pied d'argent doré garnie des ymaiges N. D. et saint Jehan sur pillier, et de quatre emaulx aux coings et de plusieurs reliques et est soustenue de six petis lyons d'argent doré, la quelle avec son estuy de cuir donna jadis à l'église de Paris feu Mᵉ Jehan de Courcelles, archidiacre de Josas et chanoine de Paris. *Invent. de* 1438, *art. additionnel*, p. 13.

tous deux couvers d'or d'un costé et garnis de pierrerie et ou petit faillent iii pierres.

89. 1 aultre livre d'Euvangiles, couvert d'argent néellé et sont les bors seméz de fleur de liz.

90. Trois aultres livres, l'un d'Euvangiles et deux épistoliers, couvers d'argent, doré en partie. L'un n'ot oncques fermoers et ceulx de l'un des aultres sont ostéz et mis ou coffre de la fabrique, et en l'un d'eulx fault une piece d'argent du travers et en l'Euvangille fault une pareille et une petite en 1 cornet du costé du crucefix et en 1 epistollier du costé S. Post (1) fault une fleur de liz eslevée et une petite piece d'argent.

91. Un livre où sont les passions notées à l'uzage d'Avignon entre deux ays et le fist faire la fabrique.

92. 1 livre noté où sont les Euvangiles, *Liber generacionis* et *factum est* et la bénéycon du cierge de Pasques.

93. 1 greel (2) couvert de cuir rouge acheté de Mᵉ Philbert de Saulx.

94. Deux livres es quielx est le service du Jeudi Saint pour ceulx qui assistent a l'esvesque, quant il fait le cresme.

95. 1 pontifical noté, couvert de cuir rouge ouvré et à fermoers d'argent dorés aux armes d'Orgemont, et y a une vieille pipe (3) d'argent, et l'a donné Mᵉ P. d'Orgemont pour son feu oncle auquel il fut et y fault la pipe.

96. Un vieil psaultier glosé, couvert de cuir blanc. *Habet Fraillon, archidiaconus Parisiensis* (4).

97. 1 quayer de parchemin, couvert de rouge, qui est intitulé au premier fueillet en vermeillon : *Pro tonsuris faciendis.*

98. 1 aultre vieil quayer de parchemin, ou quel est le canon de la messe au commencement.

99. 1 aultre pontifical couvert de rouge à fermoers d'argent, et au commencement est la table des chapitres dud. livre.

100. 1 epistolier, couvert de satin rouge, à deux viels fermoers d'argent et commence ou second feuillet : *Iterum...*

---

(1) Il faut probablement lire *S. Paul.* L'image de l'auteur des *Epîtres* était la décoration naturelle d'un *epistolier.*

(2) Graduel.

(3) Tige posée dans la largeur de la tranche et à laquelle pendaient les sinets. V. *Gloss. des émaux,* vᵒ *pipe.*

(4) Il l'avait emprunté pour travailler et en 1485 ses héritiers ne l'avaient pas encore rendu. *Invent. de* 1438, p. 14.

101. 1 livre couvert de vert, contenant les passions nouvellement faictes pour l'église.

102. 1 messel non noté, couvert de rouge, sans epistres et euvangiles, et commence ou 11ᵉ feuillet après le kalendier : *Ordinaverunt.*

103. 1 journal de grosse lettre, couvert de cuir rouge, et commence ou 11ᵉ fueillet : *Quoniam.*

104. 1 collectaire de grosse lettre, couvert de viez drap d'or, à 11 fermoers d'argent esmaillés commencant ou 11ᵉ fueillet : *Ventum.*

105. 1 petit livre prosier noté pour Monseigneur le chantre, commençant ou 11ᵉ foillet : *Caput*, et fenit ou penultieme feillet noté et escript : *Amen* à 11 petits fermaus d'argent.

106. 1 petit livre en parchemin, intitulé : *l'Amonicion à dire des prélas au Roy* et fine ou premier feullet in rubro : *evesques* et a 11 fermaus d'argent doréz et esmailléz.

107. 1 messel à l'usage de Paris, commencant ou 11ᵉ feullet : *Ejus ipse* et ou penultime feullet escript : *in tran[s]lacione B. Ludovici. Habet Fraillon archidiaconus.*

108. 1 grant cayer de parchemin noté contenant la prose : *Ad clara*, l'antene : *De alma chorus, Te Deum laudamus.*

109. 1 aultre cayer noté de parchemin, contenant l'office de la messe de l'union de l'Église, ordonnée ou temps de pape Clément.

110. 1 vieil livre contenant epistres et euvangiles, couvert de cuir blanc, sans fermoers, et commencant ou 11ᵉ fueillet : *Erit...*

111. 1 bel messel noté, couvert de rouge, les fermoers d'argent doréz et neellés, sans epistres et euvangiles, commencant ou 11ᵉ fueillet après le kalendier : *Deant.*

112. 1 vieil messel sans note, epistres et euvangiles, couvert de cuir rouge, et 11 fermoers d'argent blanc commencant ou 11ᵉ fueillet après le kalendier : *Gate (sic).*

113. 1 livre d'epitres et euvangiles, couvert de cuir rouge destaint, sans fermoers commencant ou 11ᵉ fueillet : *Vestra...*

114. 1 collectaire couvert de rouge, à 1 fermoer de cuyvre, commencant ou 11 feuillet après le kalendier : *Deus...*

115. 1 ordinaire abrégé de menue lettre, noté, couvert de cuir élevé, et les fermoers de nulle valeur.

116. 1 vieil prosier noté longuet, couvert de cuir blanc.

127. 1 beau messeel sans note, venu de Mᵉ Olivier de Lempire, libraire, et de Mᵉ Gérard Morel, pour faire certain service pour eulx en l'église de Paris, commencant ou 11ᵉ feullet apres le kalendrer : *Tute...* et finissant ou penultime feullet : *Letabundus...* et y a fermaus d'argent dorés à l'Anunciacion eslevée.

128. ı vieil obitaire, ou quel sont escrips ou premier feullet les noms des evesques qui ont esté en l'église de Paris.

NAPES.

117. ı^e touaille eschiquetée de fil inde, parée de large orfroys à lyons noyrs et chasteaux de nulle valeur.

118. ı^e nape parée de rouge, le parement garni de petites perles.

119. ı^e nape dyaprée de noir pour les trespassés.

120. ı^e nape bordée d'un orfroys contenant la vie S. Louys.

121. ı^e nape parée de veluel vyolet ouvré à feulles de chaines, et y fault aucunes feulles.

122. ı^e petite nape, dont le parement est pareil à celluy de S. Louys dessusd.

Et est assavoir que les paremens desd. napes se changent quant on met les napes en la lexive et ne sont pas tousjours avec les napes dessusd.

123. Une nape parée d'un parement ouvré par qua[r]tiers aux armes de France et ıı oyseaux fais d'or, tenans en leur bec un role escript de *Ave Maria*, et le donna le roy Charles quint à la nativité du Daulphin, son premier enfant, le premier dimenche de l'Advent, l'an mil ccc lxıx.

124. ı^e nape à orfrais fait à fleur de liz d'or.

125. ı^e nape parée, ouvrée aux armes du Begue de Vilaines qui la donna.

126. ı^e nape dont le parement est des ystoires de N^{re} Dame en brodure sur satin blanc et veloux vermeil.

PAULES.

129. Une paule avironnée d'or de nulle valeur.

130. Une paule de soye blanche aux deux bous.

131. Une paule de soye de diverses couleurs eschiquetée pour escommicher (1) le jour de Pasques.

132. Une belle nappe de soye blanche, barrée d'or, tres bien ouvrée aux deux bous, environnée de boutons fais d'or, et la donna pape Gregoire XIe l'an mil ccc lxxv.

133. Une paule de toyle environnée d'or et ouvrée aux bous à ymages d'or et de soye.

____
(1) Communier.

134. Une paule de soye blanche royée d'or, achetée de M⁰ Philbert de Saulx.

135. Une paule de toile ouvrée de soye rouge et noyre (1).

136. Une nape que on fait servir au petit autel de boys, dont le parement est de veluiau violet, semé de estoilles d'or pareille à la chapelle de feu messire Pierre d'Orgemont, evesque de Paris (2).

DRAPS.

137. Un drap de samit vermeil à croix blanches, que on porte quant on fait le cresme en l'église de Paris.

138. ı drap blanc perse à maniere de roys doublé de sendal rouge dont on cuevre le cresme quant il est fait en l'église de Paris.

139. Un grant drap de soye undoyé qui se met devant l'ymage Nʳᵉ Dame (3), quant on montre son layct aux grans festes.

140. ı drap d'or brodé à chevaliers et à lyons, que on dit estre le siége S. Marcel (4).

141. ı petit drap de veluel rose, ouvré à feulles de chaine, à mettre sur la patene, et est de nulle valeur.

142. ı petit drap ouvré d'or et de petites perles, que donna dame Jehanne, royne de France, à mettre sur la patene.

143. ı petit drap d'or, doublé de rouge, de pié et demi de long ou environ.

144. ıı petites serviettes, chascune garnie à un bout d'un petit

(1) Une tres belle paule de soye blanche à royes d'or au travers et aux bouts frangée d'elle mesmes d'or et de soye et l'a donnée nagaires monseigneur M⁰ Jehan le Vavasseur, seigneur de la Chambre des comptes pour parer l'ymage de N. D. d'argent aux festes. *Invent. de* 1438, p. 20.

(2) Pierre d'Orgemont, évêque de Paris, mort le 15 juillet 1409, avait légué à l'église sa *chapelle* en velours semé d'étoiles d'or, orné d'orfrois à ses armes, à charge de célébrer son obit (*Obit. eccl. Paris*, p. 111). Par chapelle il faut entendre ici un costume sacerdotal complet, généralement composé, comme on le voit par notre inventaire, de trois chapes, d'une chasuble, d'une dalmatique, d'une tunique, d'étoles et de fanons. Il est assez difficile de tracer une distinction bien rigoureuse entre la *chapelle* et le *vêtement*, et le n. 184 semble indiquer que les deux termes s'employaient indifféremment l'un pour l'autre. Cependant on remarquera que le vêtement ne comprenait généralement pas de chape, à la différence de la *chapelle* ni en comptait trois.

(3) Encontre ung des pilliers de la croisée là où on met aux festes de N. D. le balait et cheveux de N. D. en une des cuves. *Invent. de* 1438, p. 21.

(4) Et sert a parer le lestrin qui est devant la chaiere episcopale en cuer. *Ibid.*

drap d'or, à mettre sur le calice, quant on le porte sur l'autel, que donna M⁰ N. Le Sellier (1).

145. iiii aultres serviettes parées à 1 bout, baillées aux cheveciers.

PAREMENS D'AUTEL.

Ensuit aultre draperie qui est pour parer le grant autel et sont en nombre xxii, qui brodéz que non, à mettre au devant des tablés du grant autel.

146. Deux paremens de veloux vermeil, brodéz à ymages d'apostre, moult bons, et les donna messire Michel de Darency (2).

147. Deux aultres paremens de veloux vermeil, ouvré à croyssans et fleurs et oyseaux d'or, qui vindrent de l'exécucion messire Hugues de Pommay, evesque de Lengres, par avant chanoine de Paris.

148. Un bon parement de samit blanc, brodé à angels d'or, et ou milieu a une tres bonne ymage de Nʳᵉ Dame de brodure et devant l'ymage est la représentacion pape Gregoire xiᵉ à genoux, qui la donna l'an mil ccc lxxv en janvier.

149. Deux aultres paremens de sartarin blanc, brodé à fleurdeliz d'or et rosettes vermeilles, et ou milieu de l'un est la Trinité de brodure, et aux costéz sont les représentacions du Roy et de la Royne à genoux, et ou milieu de l'autre est l'ymage Nʳᵉ Dame à pareilles représentacions, et les donna le Roy dessusd. à la nativité du daulphin le premier dimenche de l'Advent mil ccc lxix.

150. Deux paremens de drap de Damas adzuré ouvréz à serpens, couronnéz de fil d'argent blanc.

151. i vieil parement vert, ouvré à arbres et pyes.

152. ii paremens de drap noir dyappré, ouvré à oyseaux, qui ont les testes et les piez et les espaules d'or pour le service dez trespassez et sont de petite valeur, car ilz ont esté plusieurs foiz repparéz.

153. Deux paremens de drap vyolet ouvré à griffons, et se mettent en karesme.

154. Deux paremens de toyle blanche ouvrée à cadeaux (3) pour karesme.

155. Deux paremens de drap de Luques blanc, que donnerent le Roy Charles quint et la Royne l'an lxxiii.

---

(1) En son vivant notaire du chappitre. *Invent. de* 1438, *loc. cit.*

(2) Le même Michel de Darency, chanoine et chapelain de Saint-Ferréol, avait donné à l'église les verrières des six fenêtres du rond-point. Guilhermy, *Itinér. archéol. de Paris*, p. 116.

(3) Et servent à parer led. grant autel le Vendredi aouré. *Invent. de* 1438, p. 23.

156. Deux paremens vermeils de drap de Luques ouvréz à feulles et bestes d'or, et furent des exeques de la Royne Jehanne d'Evreux, l'an lxx.

157. II paremens de drap de Luques vert, ouvré à pommes d'or, que donna la Royne de France, lors seur du duc de Bourbon, l'an lxxii en may.

158. II paremens de drap d'or, ouvréz à lyons et aultres bestes d'or, avec une chape de ce mesme drap et le mors d'argent esmaillé à i crucefix et deux boutons d'argent esmàilléz, et ont esté de nouvel achetéz pour le service des trespasséz.

159. Pour l'autel de boys, quant on chante devant l'ymage, deux paremens de drap de Luques blanc.

160. Deux courtines de sendal vermeil et inde.

161. II paremens pour le petit autel de bois de veluiau violet, semés de estoilles d'or, que donna led. d'Orgemont, evesque de Paris.

162. II paremens de toille, seméz de coquilles et croix blanches, pour parer le petit autel de N^{re} Dame des Ardans (1).

V E S T E M E N S.

Ensuivent chapelles et vestemens pour le service divin, brodéz et non brodéz, qui sont en nombre, est assavoir chapelles xii et aultres vestemens xxxv.

163. Une chapelle entiere de veloux vermeil, ouvrée à croissans blans, fleurs et oyseaux d'or, est assavoir trois chapes et trois mors, dont l'un est d'argent esmaillé à i crucefix, N^{re} Dame et saint Jehan, le second est d'argent esmaillé de l'Anonciacion, le tiers est de iiii pommeaux grenetéz, les deux doréz et les deux blans, avec une chasuble, tunique et dalmatique, estolle et fanon et iii aubes parées de mesmes, layssiées à l'eglise par messire Hugues de Pommay, jadis evesque de Lengres, par avant chanoine de Paris, et a chascune chape ii boutons d'argent blanc ou chaperon.

164. Une chapelle de veloux vermeil, brodé à coquilles d'or, est assavoir trois chapes et iii mors d'argent esmailléz — en l'un est le trespassement N^{re} Dame, en l'autre l'ymage N^{re} Dame, ou tiers un crucefix, — chasuble, dalmatique et tunique, estoles et fanons et trois paremens pour aubes et une aultre bonne chape de pareil ve-

---

(1) L'autel des Ardents était derrière le maître-autel.

loux brodée à ymages d'apostres d'or et l'orfroys brodé à petites coquilles d'or et le mors d'argent esmaillé de l'Anonciacion et l'ymage d'un clerc a genoulx et le chaperon de chascune chape a deux boutons d'argent esmailléz à testes d'apostres, et fut tout donné par messire Pierre de Chambli. It., une estolle par dessus.

165. Une chapelle de veloux violet brodée à feulles de chesne, environnées de petites perles, est assavoir trois chapes à pommeaulx de petites perles et d'argent esmaillé en lieu de mors, chasuble, dalmatique et tunique, estoles, fanons et trois paremens pour aubes, que donna la royne Jehanne de Bourgoigne. Y fault en l'une vii esmaulx.

166. Une chapelle blanche entiere, est assavoir trois chapes sans mors de drap sartarin, des quelles les orfrois sont brodéz par quartiers aux armes de France et oyseaux d'or, tenans en leur bec roles escrips de *Ave Maria*, chasuble, dalmatique et tunique, estoles, fanons et trois paremens pour aubes, que donna le roy Charles à la nativité du daulphin le premier dimenche de l'Advent l'an mil ccc lxix.

167. Une bonne chapelle de veloux vermeil, brodée à arbres de lis d'or environé de perles et petites estoiles, est assavoir trois chapes, des quelles les orfroys sont de veloux vert, brodéz à couronnes et figures de soleil de perles avironné d'or aux armes de France et du daulphin sans mors, chasuble, dalmatique et tunique, estoles, fanons et trois pareméns d'aubes de mesmes, que le Roy et la Royne dame Jehanne de Bourbon donnèrent le premier dimenche de l'Advent l'an mil ccc lxxvii, et y faillent plusieurs perles.

168. Uns vestemens de samit vermeil, brodé à ymages d'or, est assavoir une chape, de laquelle l'orfroys est d'or à fleurdeliz et est le mors d'argent doré à un crucefix et ou milieu trois euvangelistes, chasuble, dalmatique et tunique et furent messire Simon Matifas, jadis evesque de Paris. It., ii estoles, trois fanons, ouvréz à lozanges de perles et de fleurdeliz d'or.

169. Une chapelle entiere (1), est assavoir trois chapes, des quelles les deux sont simples de drap de damas blanc à bons orfroys ouvréz à ymages sans mors, la tierce est de samit blanc brodé à demis ymages d'or de sains et de sainctes sans mors, chasuble, dalmatique et tunique et ancore une dalmatique et tunique de drap de Damas, trois estoles, trois fanons, cinq aubes parées d'aultre drap de Luques et

---

(1) De sondarin blanc. *Invent. de* 1438, p. 26.

iiii amits paréz et les donna pape Gregoire XIe en janvier l'an mil
ccc lxxv.

170. Uns vestemens de samit vermeil brodé à chasteaux, aygles
et lyons, chasuble, dalmatique et tunique et trois paremens d'aubes.

171. Une paire de vestemens de samit vermeil, brodé à angels et
apostres d'or, chasuble, dalmatique et tunique, et est la chasuble
aucunement despareillé.

172. Une chapelle noire de drap dyapré pour le service des trespasséz, est assavoir trois chapes à pommeaux de perles, chasuble,
dalmatique et tunique, estoles, fanons, trois paremens pour aubes
et trois paremens pour amits et est l'une desd. chapes toute inutile
et es boutons faillent plusieurs perles.

173. Uns vestemens de veloux vermeil, chasuble, dalmatique et
tunique et trois paremens d'aubes, et sont les orfrois aux armes
messire Jehan de Chalon, qui les donna.

174. Uns aultres vestemens de drap vert dyapré, chasuble, dalmatique et tunique, estoles, fanons et trois paremens pour aubes et
pour amits.

175. Uns vestemens de drap azuré, nommé racas, ouvré à fleur de
liz, est assavoir chasuble, dalmatique et tunique, estoles, fanons et
trois paremens pour aubes et une chape (1) qui a le mors d'argent
esmaillé à fleur de liz et a ii boutons d'argent jadiz esmailléz.

176. Uns vestemens de drap blanc dyapré à oyseaux, chasuble,
dalmatique et tunique, estoles, fanons et trois paremens pour aubes
et pour amits.

177. Uns vestemens de drap vert à feulles de vigne, chasuble,
dalmatique et tunique, estoles, fanons et trois paremens pour aubes
et pour amits.

178. Uns vestemens de drap de Luques blanc, chasuble, dalmatique et tunique aux armes de la comtesse d'Alencon qui les donna.

179. Uns vestemens de camocas blanc et a la chasuble bon orfrois,
brodé à ymages d'apostre, fais de perles à l'environ, la dalmatique
et tunique ne sont pas pareilles à lad. chasuble ne l'une à l'autre.

180. Uns vestemens de camocas blanc ouvré à papegaux d'or,
chasuble, dalmatique et tunique.

181. Uns vestemens de drap vert dyapré à paons et pommes, chasuble, dalmatique et tunique, et est l'orfrois de la chasuble brodé
d'or à ymages tyssus de soye.

(1) De pareil drap apeléz les vestemens S. Loys. *Invent. de* 1438, p. 27.

182. Uns vestemens de drap dit marramas blanc ouvré à petites bestioles d'or, chasuble, dalmatique et tunique, et est l'orfrois à arbres vers et rouges et petis oyseles blans et roses vermeilles.

183. Uns vestemens de drap blanc dit nape rayé d'or, chasuble, dalmatique et tunique, et est l'orfroys de la chasuble brodé à chasteaux d'or. Ces vestemens sont tous inutiles et ne servent plus.

184. Uns vestemens de drap blanc dit racas ouvré à pommes d'or, chasuble dont l'orfrois est brodé d'or à ymages d'apostre et dalmatique et tunique.

185. Uns vestemens de drap vermeil à hommes d'or à cheval et se nomme la chapelle S. Thomas de Cantorbie, chasuble, dalmatique et tunique.

186. II chapes blanches de drap dyapré sans mors, tunique et dalmatique de pareille couleur, une estole, deux fanons, une aube et l'amit, chauses et solers et dalmatique pontifical et la couverture pour la chaire pontificale. Aultrefoys y avoit paremens de II aubes mais ylz furent prinz pour rappareiller lesd. chapes.

187. Une chapelle entiere pour le service des trespasséz de drap noir dyapré ouvré à testes et piez d'oyseaux et petites pommes d'or, est assavoir trois chapes sans mors et pommeaux des quelles les orfroys sont brodéz à ymages d'apostres et d'aultres sains d'or et de soye, chasuble, dalmatique et tunique, estoles, fanons et deux pieces pour dyacre et soubz dyacre sengles de drap noir dyapré et trois aubes dont l'une et un amit son[t] paréz à roseles vermeilles et les aultres non, deux paremens d'autel et I drap pour l'aygle pareil d'iceulx vestemens, chausses et solers et fut tout acheté de l'argent de la fabrique.

188. Uns vestemens de veloux violet chasuble dont l'orfrois est ouvré à quartiers, dalmatique et tunique (1).

189. Uns vestemens de fort samit vermeil sans ouvrage, chasuble dont l'orfroys est brodé d'or lozenge, dalmatique et tunique.

190. Uns vestemens de drap de taffetas ondoyant, chasuble dont l'orfroys est ouvré à quartiers mipartis à fleur de liz, dalmatique et tunique.

191. Uns vestemens de samit azuré, chasuble dont l'orfrois est d'or à bestioles, dalmatique et tunique.

192. Uns vestemens de samit vert, chasuble doublé de sendal vermeil, dalmatique et tunique doublés de noir.

---

(1) Et ont esté ordonnés à servir au service S. Sébastien en lad. eglise de Paris. *Invent. de* 1438, p. 28.

193. Uns vestemens sengles de samit jaulne, chasuble dont l'orfrois est de vieil or, dalmatique et tunique.

194. Uns vestemens de samit violet sengles, chasuble dont l'orfrois est d'or lozengé de soye, dalmatique et tunique.

195. Uns vestemens de samit ardent, chasuble dont l'orfrois est vert a fleurs de liz et chasteaux, dalmatique et tunique et sont bien viez.

196. Uns vestemens de drap d'or dyapré vermeil, chasuble dont l'orfrois est vert ouvré à chasteaux et a fleurdeliz, dalmatique et tunique.

197. Uns vestemens de samit vert pour les festes de ix lecons, chasuble, dalmatique et tunique, trois aubes, estoles et fanons.

198. Une chasuble d'or à orfrois losangé doublé de sendal jaulne et sert seulement quant on fait le cresme en l'eglise de Paris, aubbe et amict parez.

199. Une chasuble de couleur vert dorée à grans oyseaux d'or et est l'orfrois ouvré à bestioles doublé de samit vermeil, aubbe et amict, estole et fanon (1) parez à ymages.

200. Six aultres chasubles pour les jours de jeune, trois à champ noir semé de bestes et oyseaux d'or doublés de rouge destaint et trois aultres vermeilles doublés de toyle perse.

201. Uns vestemens bailléz par le Begue de Vilaines de veloux violet, chasuble, dalmatique et tunique et est l'orfrois d'or de Luque aux armes dud. seigneur, ii estoles, trois fanons, trois paremens d'aubes et trois d'amitz de veloux plus brun. . . . .

202. Une chapelle de veloux violet semée d'estoiles d'or, les orfrois brodéz de blanc et de rouge aux armes de messire Pierre d'Orgemont, jadis evesque de Paris. . . . .

203. Une tres belle chapelle donnée par Ysabel, royne de France, de veloux moré, ouvrée et semée à arbres et roses de perles . . . .

204. Une chasuble, tunique et dalmatique de cramoysi vermeil, ii estoles et iii fanons, iii aubes et amis paréz tout d'un mesme drap et sont les orfrois aux armes du duc de Berry et ymages de brodure, les dyademes et les bors de perles donnez par led. seigneur. . . . .

205. Ung diacre vert sengle qui sert quant on fait le cierge benoit (2).

Ensuit la declaracion d'aultres chapes brodées qui ne sont pas du

____

(1) Avec un colet de brodeure fermant à un bouton de cristal et sert à faire le cresme avec l'autre chasuble devant d. *Invent. de* 1438, p. 29.

(2) La veille de Pasques. *Invent. de* 1438, p. 31.

nombre des chapes declairées ou chapitre des vestemens dessusd. et sont en nombre XXIIII.

206. Une chape de samit vermeil brodé à grans ymages d'apostres d'or et dessoubz le chaperon, d'icelle chape est le couronnement Nre Dame et est le mors d'argent néellé. . . . .

207. Une chape de samit violet brodé à angels et ymages et fleurdeliz d'or et a le mors d'argent à charnieres garni de pierrerie et a deux pommeaulx d'argent doré. . . . .

208. Une chape de samit vermeil brodé à ymages de Dieu et sains qui fut, commé on dit, messire Guillaume d'Aureillac, evesque de Paris et est le mors d'argent à rondeaux esmailléz, et ne tient pas a la chape.

209. Une chape de samit azuré brodé à ymages de Theophile. . .

210. Une chape de veloux violet brodé à rosetes et oyseaux qui fut messire Fouques de Chenac, jadis evesque de Paris. . . . . . .

211. Une chape de samit vermeil enforcié, brodé à ymages . . . . à cinq boutons d'argent et de perles en lieu de mors que donna Hanbault cardinal. . . . .

212. Une chape de samit vermeil brodé à lyons et aygles d'or dont le mors est d'argent à deux pierres de camahieu. . . . .

213. Une chape de veloux vermeil brodé à roses d'or et ou milieu des roses sont les armes de France et a mors d'argent doré esmaillé que donna me Pierre d'Aulnoy (1), jadis chanoine de Paris. . . .

214. Une chape de samit vert brodé à ymages de sains dont le mors et les pommeaulx sont d'argent doré et fut de me Tamis d'Orléans, jadis chanoine de Paris.

215. Une chape blanche ouvrée à l'aygulle semée de diverses armes et est le mors d'argent esmaillé à un capitel où sont l'ymage Nre Dame et II angelos et a II pommeaux d'argent. La piece où est l'ymage Nre Dame ne tient point au mors.

216. Une vieille chape de samit violet brodé que on dit la chape saint Landry et est le mors d'argent. . . . .

217. Une chape de camocas blanc brodé à rouelles d'or et escus et est le mors esmaillé de l'Anonciacion Nre Dame. . . . .

218. Une tres bonne chape de veloux azuré brodé à fleurdeliz d'or environnées de perles et sont le mors et le chaperon de bonnes perles que donna Jehanne de Bourbon, royne de France le jour de la Purificacion mil ccc lxxi et y faillent plusieurs perles.

---

(1) Secrétaire du Roi, chanoine de l'église de Paris, mort en 1350. *Obit. eccl. Par.*, p. 153.

219. Une chape blanche de drap nommé sartarin brodée à demis ymages de sains d'or et de soye, sans mors que donna le cardinal de Lymoges l'an mil ccc le jour de la translacion S. Martin. . . . . . .

220. Une chape de veloux vermeil brodé d'arbresseaux de genestes et de feulles de roses et caintures longues de vert et d'or à orfrais bel et bon et ou chaperon est N^re Dame tenant son enfant et a en son dyadème plusieurs perles et le[s] vestemens des ymages qui sont es orfrois et leurs dyademes sont bordéz de perles et est le fermail de laiton ou quel est N^re Dame de brodure plaquée, bien garni de perles donné par m^e Jehan Boucandri, chanoine de Paris. . . . .

221. ı^e belle chape de satin bleu figuré de fueillages vers et de fleurs vermeilles, les orfrois à doubles ymages de brodure, donnée par m^e Guillaume Cardonnel, archediacre de Josas ou moys de novembre ıııı^c xvı oultre la chape que il a aultrefoys paiée a l'eglise pour sa recepcion a la prébende de Paris.

Ensuit la declaracion d'aultres bonnes chapes non brodées qui sont au nombre ʟ. . . . .

222. ıı chapes de drap nommé marramas de verte couleur, ouvré à oyseaux et feulles d'or et sont les mors d'argent. . . . .

223. ıı chapes de drap de soye vermeil dyapré ouvré à paons et pommes vertes et sont les mors et les pommeaux d'argent esmaillé aux armes de Harcourt. . . . .

224. ıı chapes de drap blanc nomme nac ouvré a pommes d'or croisié de blanc. . . . .

225. Une chape de drap royé à leitres dont le mors est d'argent bien esmaillé fait à maniere d'une M et ou milieu est l'ymage saint Martin . . . .

226. ı^e chape de drap royé de Luques ouvré à lettres gregoizes et bestes d'or, l'orfrois est brodé à ymages d'apostre, le mors est d'argent doré esmaillé à ı petit capitel ou quel est l'ymage saint Jehan Baptiste et l'image m^e Jehan Canard (1), jadiz chanoine de Paris et a deux petits boutons de perles en lieu de pommeaux. . . . . . .

227. ıı chapes données par pape Clément, l'une de veloux vermeil semée de Agnus Dei et d'angels de brodure et est l'orfroys de veloux azuré ouvré de perles à ystoires de Dieu et de N^re Dame et ou devant a une Trinité de perles et le mors d'argent non tenant a la

---

(1) Élu évêque d'Arras, il résigna le 2 novembre 1392 son canonicat et sa prébende, qui furent conférés *de mandato pape* à Jean de Neuilly, licencié en droit canon et en droit civil. *Reg. capit.*, LL 211 ᴀ.

chape ou quel a un crucefix esmaillé et les ymages de N^re Dame et
saint Jehan. L'autre chape est de veloux vermeil brodé et ouvré
d'apostres et par derriere est le couronnement N^re Dame et le cruce-
fiement N. S. à un orfroys de brodure et de plusieurs sains et sainctes
à un bouton de perles ou chaperon et y a un mors d'argent bien bon
doré et esmaillé à un ymage de saint Luc ou milieu et petis ymages
blans a l'environ. . . . .

228. Une chape de semblable drap (1) et orfrais d'or à ymages
d'apostres et ou chaperon est la resurreccion N. S. yssant du se-
pulcre avec le mors de soye aux armes de Bourgoigne et à rabotz et
la donna Jehan, duc de Bourgoigne, comte de Flandres avec la chasuble de mesme et estole et fanon. . . . .

229. Une chape d'un vies drap d'or de quoy on cuevre N. D. des
Ardans . . . .
Oultre les chapes dessusd. souloyent estre xxxii chapes de petite
valeur sans brodure et sans argent qui ne furent point déclairées
en l'autre inventoire pour leur petite valeur et en fut pieca prinse
une pour faire une chasuble pour la chapelle des enfans de cuer
et depuis et de nouvel en faisant cest inventoire, à la requeste des
chanoines de Saint Estienne des Gres, chapitre leur en donna six.
Ainsi ne demeurent en la garde du trésor que xxv telles chapes
communes.

Ensuit inventoire des aubes brodées les quelles sont en nombre
xxxi, desquelles xxxi les xviii sont ja cy dessus inventoriées, est
assavoir trois aux croissans, iii aux coquilles, iii aux feulles de
chesne, trois de fleurs de liz, trois à arbres de lys, qui sont de perles,
et trois à chasteaux. Ainsi ne restent a inventorier que xiii aubes
brodées.

Suit la description de ces treize aubes.

Oultre lesd. aubes et amis paréz sont aultres lvi aubes desquelles
les xii sont parées et servent les trois en la chapelle du Begue, trois
en la chapelle blanche aux treffles, trois en la chapelle de drap de
Damas brun et trois en la chapelle de samit jaulne . . . .

Ensuivent draps de soye de Luques entiers.

230. Un drap de Luques azuré, ouvré à feulles et serpens d'or, que
donna le roy de Navarre présent (2). . . . .

231. i drap blanc de Luques impérial semé de violettes rouges,

(1) C'est-à-dire d'or de Chypre.
(2) Charles III dit *le Noble.*

perses et vertes que donna l'archevesque de Rouen, lors patriarche et evesque de Paris à son entrée à Paris. . . . .

232. ı drap blanc de Luques long et large ouvré à pommes et bestes d'or que donna Jehanne de Bourbon, royne de France l'an mil ccc lxxı. . . . .

233. ıı draps de Luques vermeils ouvréz à petites bestes qui furent des obseques feu Estienne cardinal de Paris l'an lxxııı.

234. ıı draps de Luques azuréz, ouvréz à paons d'or que donna le Roy présent au retour de sa coronacion le jour saint Martin d'iver mil ccc ıııı^{xx}.

235. Un drap de Luques vermeil ouvré à serpens à ıı testes et soleils d'or que led. seigneur donna oud. an ıııı^{xx} le premier dimenche de l'Advent.

236. ıı draps d'or ouvréz à ymages de N^{re} Dame et angels donnéz par dame Helizabeth, royne de France, femme dud. seigneur en son joyeux advenement. . . . .

237. ıı draps de Luques vermeils ouvréz à liépars d'or, tenans roles en leur bec, que donna Aymery de Maignac, cardinal et par avant evesque de Paris.

238. ıı draps de Luques azuré, ouvré de feulles et connins et oyseaux d'or, que donna Pierre de la Lune, cardinal et legat l'an ıııı^{xx} et trois.

MARRAMAS.

. . . .

239. Trois aultres draps vers ouvréz à feulles vermeilles et oyseaux d'or que donna le duc de Bourbon Louys, père de cellui qui est apresent duc de Bourbon. . . . .

240. ı drap vermeil ouvré à paons et aultres oyseaux d'or. On en a fait un drap à parer la chaiere du prélat. . . . .

BAUDEQUINS.

241. ı baudequin de Luques vermeil ouvré à oyseaux d'or et connins blans acheté de la fabrique l'an ıııı^{xx} xvı.

242. ı aultre baudequin de Chipre vert ouvré à oyseaux d'or que donna oud. an le duc de Bretaigne (1) . . . .

---

(1) Pour abréger, nous nous bornons à indiquer ici les titres de plusieurs chapitres: *vielz draps, damas, taffatas, cendaulx, carreaux.*

RACAMAS.

243. ı drap de Luques azuré ouvré à feulles d'or rondes comme pommes et oyseaux d'or qui furent des obseques du comte d'Eu.

244. Trois draps vermeils de Luques ouvré à pommes et plumes d'ostruce d'or et en chascun a une piece cousue au bout de drap presque pareil et furent des obseques du duc de Lancastre. . . . . .

ORILLERS.

. . . .

245. ıı orillers de satin noir renforcié nommé sondarin de damas à ıııı boutons de perles ouvréz à or trait et ont ıı sacs de toyle pour les mettre. . . . .

TAPIS.

246. ı tapis de layne à fleurdeliz, que on met sur l'ymage N^{re} Dame, quant on fait sermon à l'église de Paris.

247. ı grant tapis de laine aux ymages des vices et vertus, et se met à l'aygle du cuer aux grans festes.

248. ıı aultres tapis dont l'un se met devant le doyen et l'autre devant le chantre aux grans festes . . . .

249. ı tapis azuré aux armes de Estienne, cardinal de Paris, et se met sur sa fosse quant on fait son anniversaire.

250. ı tapis de laine semé de fleurdeliz qui fut des obseques du roy Charles le Quint, célébrées en l'église de Paris l'an mil ccc ıııı^{xx} xxve de septembre. . . . .

251. ı grant drap de laine aux ymages de Dieu et de N^{re} Dame broché d'or, qui fut des obseques messire Giles le Galoys, chevalier, l'an ıııı^{xx} vı.

COURTINES.

252. ıııı courtines de soye de petite valeur pour le grant autel et sont les deux doublés de sendal vert (1). . . . .

___

(1) Une courtine de cendal violet renforcié frengée par bas de soye que l'on met au tableau du beau roy Philippe en Karesme. *Invent. de* 1438, f. 33.

CHANDELIERS.

253. Six chandeliers de cuivre que donna messire Laurens de la Mongerie pour servir aux anteines des os.

254. ii chandeliers bien ouvréz de l'œuvre de Lymoges.

255. i° chaire pontificale, le siége de cuir blanc doré . . . . . .

A la suite de l'inventaire du trésor on trouve, dans les reg. LL 196 et 197, un état des ornements de la chapelle Saint-Martin que Nicolas d'Orgemont, chanoine de Paris, se proposait de fonder à Notre-Dame. Nous donnons l'intitulé de cet état d'après le reg. LL 197, p. 55.

C'ensuit la declaracion des aornemens, calice et mesel pour la chapelle que feu m° Nicolas d'Orgemont, chanoine de Paris, avoit entencion de fonder à l'autel Saint Martin en l'église de Paris lequel il fist edifier du sien contre le pillier entre l'ymage d'albastre (1) et l'autel S. Sebastien.

Nous ne publions pas cet inventaire, qui ne présente pas un grand intérêt. Pour la même raison, nous laissons de côté l'inventaire des ornements du revestiaire (p. 58), parmi lesquels on ne compte guére que des vêtements sacerdotaux. L'inventaire des biens confiés à la garde du chevecier (p. 63) mérite, au contraire, de trouver place ici.

Autre inventoire des choses estans en la garde du chevecier de l'eglise de Paris, nommé m° Germain Guyn fait et récollé par m^es Pierre Henry, soubz chantre et Jehan de Louviers, chanoines de Paris, présens le notaire de chappitre et led. messire Germain, auquel ont esté lessées en gardes les choses qui s'ensuyvent le XXIe jour de juilet mil iiii^c iiii^xx et huyt.

1. Premierement une grant croix d'argent doré, garnye d'un crucifix enlevé dessus des quatre euvangelistes au quatre boutz de costé et d'autre et d'un plomeau de cuyvre doré, à laquelle croix fault trois filletz routs, laquelle croix sert continuellement à lad. eglise.

2. Deux chandeliers d'argent d'ancienne façon, à vi quarrés, à iii lyons soubz le pié, pesans les deux xii marcs et demy ou environ.

(1) Probablement l'image de la Vierge qui surmontait l'autel des Ardents.

3. Une esconse (1) d'argent pesant xiiii onces et demye.

4. Ung collectaire couvert d'argent moytié doré, auquel fault ung fermant d'argent doré en maniere de crochet, pesant led. crochet environ trois quars d'once et est demouré oud. livre ung crochet de semblable façon à celuy qui est perdu.

5. Ung calice d'argent doré, garny de platène (2), à six carrés par le pié, garny de six esmaulx oud. pié et la platene d'un esmail ou quel est Dieu en magesté, escript ou tour *Ego sum redemptor mundi*, pesant iii marcs iiii onces et demye.

6. Ung autre calice d'argent doré, à viii carrés, garny de platène et d'un esmail Dieu en magesté esmaillé sur le pié d'un crucifix, Marie et Jehan, et de trois escussons armoyéz, pesant iiii marcs une once.

7. Une coquille d'argent servant à mectre le seel pour faire l'eau béniste, pesant trois onces.

8. Ung benoistier d'argent pesant onze marcs sans le guypillon, qui est de fer dedans et couvert d'argent blanc.

9. Deux chandeliers d'argent rompuz baillés à reffaire et reffaitz tous neufz, pesans viii marcs troys onces ung quart.

10. Deux buretes d'argent doré sans anses, pesans ensemble deux marcs une once.

11. Deux paix d'argent doré, une grande garnye d'un crucifix, Marie et Jehan elevéz et une petite garnye d'un crucifix, Marie et Jehan entaillé seullement, pesant la grande deux marcs cinq onces et demye et la petite six onces.

12. Deux corporaliers garniz de corpereaulx, l'un couvert de velours bleu garny d'un Jhesus d'un costé et de Maria de l'autre en brodure de fil d'or, et l'autre de velours cramoisy, garny d'une N. D. en brodure et de branches d'arbre au tour.

13. Deux platz d'argent doré goderonnéz émaillez, l'une de la Nativité et l'autre de l'Anunciacion, pesans ix marcs v onces et demye.

14. Une navecte d'argent à mectre encens, pesant trois marcs demye once.

15. Deux prosiers et le collectaire commun.

16. Ung baston garny d'argent à porter la croix.

---

(1) Bougeoir couvert, abrité du vent, dont le nom est dérivé d'*absconsa*, participe passé d'*abscondere*.

(2) Patène.

17. Quatre grans chandeliers d'argent goderonnéz, esmaillés d'escussons à fleurs de liz, desquelz l'un pese viii marcs et demy, l'autre ix marcs, l'autre viii marcs vii onces et l'autre viii marcs vii onces.

18. En la chapelle de la sursainte sont trois potz d'argent doréz où sont les oncions.

19. Lad. sursainte N. D. en ung petit tableau d'argent, deux anneaux d'or et le bras saint Eloy liéz à une petite chenete d'argent.

20. Devant le grant autel sont trois bacins d'argent goderonnéz à façon de roze et esmailléz par dessoubz à fleurs de liz et six lampes d'argent.

21. Dedans le cueur sur l'aigle a ung bacin d'argent à souleil doré esmaillé aux armes de feu monseigneur de Paris Charretier (1).

22. En la chappelle de la première messe a ung calice d'argent doré, garny de sa platene à viii carrés, taillé sur l'une des carrés une petite croix sur une nuée et sur la platene une main taillée pesant dix onces et ung quart.

23. Ung messel en parchemin moitié escript de neuf et moitié de vieil.

(1) Guillaume Charretier de Bayeux, professeur de droit civil et de droit canon, évêque de Paris, mort le 1er mai 1472. Il fit refaire toutes les châsses de l'autel de N. D. des Ardents. *Obit. eccl. Par.*, p. 53.

Paris. — Imprimerie Pillet fils aîné, rue des Grands-Augustins, 5.